PERCHÉ NON POSSIAMO NON DIRCI MAFIOSI

di ALFIO CARUSO

LONGANESI & C.
MILANO

Il nostro indirizzo internet è: www.longanesi.it

ISBN 88-304-1988-5

I edizione maggio 2002
II edizione settembre 2002

PERCHÉ NON POSSIAMO NON DIRCI MAFIOSI

Ai siciliani che non si fanno incantare dal clima, dal mare, dal sole, dagli aromi, dagli odori, dagli uomini di rispetto, dagli Amici, dai Bravi Ragazzi, dagli « sperti e malandrini », dai gattopardi, dai galantuomini, dai compari.

1. Un mare di tormenti

I SICILIANI non amano il mare. Dicono di esserne grandi appassionati, di non poterne fare a meno, ma è un'esibizione, uno sfoggio di vanità. Adesso che il mare ha soppiantato la montagna, le terme, i laghi quale luogo ideale di vacanza, i siciliani, anche quelli dell'entroterra, tengono a far sapere che il mare ce l'hanno in uso perpetuo e gratuito, che a differenza degli altri non devono andare a cercarselo. Per quanti se ne riempiono gli occhi e i polmoni ogni giorno dell'anno, è un'altra prova della particolare benevolenza divina, la spiegazione più evidente del nostro essere un popolo speciale. Storia e mito si sono alternati su questo mare aspro, mai addomesticato. Scilla e Cariddi; Polifemo e Ulisse; Cartaginesi e Romani; la grande battaglia navale di Milazzo, la prima di cui si parla nei libri di storia; i velieri turchi e la fantasmagorica adunata della flotta cattolica a Messina in attesa del decisivo scontro di Lepanto; per finire con le grandi navi da sbarco alleate nel '43, l'inizio della campagna europea, che avrebbe condotto alla sconfitta del fascismo e del nazismo.

Ce ne facciamo un vanto, ma continuiamo a considerare il mare un nemico, la principale minaccia alla nostra insularità. Vi pare un paradosso? Ma noi siamo tutto un paradosso. Dunque, avremmo voluto essere un'isola irraggiungibile. Dal mare invece sono giunti gl'invasori, che comandavano, depredavano, figliavano: fenici, greci, cartaginesi, romani, longobardi, bizantini, arabi, normanni, angioini, aragonesi, asburgici, borbonici, piemontesi, americani.

Nel tardo autunno del 1943, il Foreign Office britannico inviò precipitosamente a Palermo un magro e legnoso professore di antropologia dell'università di Cambridge. Si chiamava George Robert Gayre, aveva anche scritto libri di qualche successo. Nei piani del Foreign Office il professor Gayre, che esibiva i gradi di tenente colonnello e collaborava con i servizi segreti, avrebbe dovuto contrastare la dilagante simpatia degli isolani per gli Stati Uniti, per tutto ciò che era a stelle e strisce. Gayre organizzò un corso di antropologia sociale all'università palermitana e un ciclo di conferenze in diversi centri della Sicilia. Sosteneva che nella popolazione s'individuavano due ceppi etnici. Il primo, contraddistinto dai capelli neri e dalla carnagione scura, di chiare ascendenze fenicie e quindi con una mescolanza arabo-africana, anche se l'occhialuto e cauto professore questo non lo diceva esplicitamente avendo percepito che ciò che unisce i siciliani è la permalosità. Il secondo ceppo, contraddistinto da carnagione chiara e occhi azzurri, Gayre lo definiva di netta marca normanna. E fin qui, se volete, eravamo a una felice riscoperta dell'acqua calda. Ma ecco il colpo di scena: Gayre affermò che, discendendo dai normanni, i siciliani erano cugini alla lontana degli inglesi, anzi « le caratteristiche antropologiche dei siciliani sono molto più vicine a quelle degli anglosassoni che non a quelle degli italiani ». Ergo – era la conclusione del professore mezzo spione – è giusto che la Sicilia si separi dall'Italia e magari si federi con la Gran Bretagna. Tesi ribadite qualche mese dopo in un libro (*La posizione della Sicilia nel complesso etnologico europeo*) tradotto dal professore messinese Gaetano Martino, liberale, futuro ministro degli Esteri e uno dei padri dell'Europa unita. Gli inviti del professor Gayre caddero nel vuoto, la stagione dell'indipendentismo già svaniva: gli Stati Uniti avevano percepito che un'Italia unita era più funzionale agli interessi dell'Alleanza Atlantica.

Delle lezioni di Gayre, delle sue conferenze, rimase l'eco di quell'apparentamento con gli anglosassoni, uno dei più arditi mai avanzati. Un professore di filologia romanza dell'università di Catania ci raccontò che, avendo condotto alcuni suoi studenti ad ascoltare una conferenza di Gayre, il giorno dopo li sentì commentare: «Quindi anche gli inglesi hanno preso qualcosa dai siciliani...»

Abbiamo la rara capacità di metterci al centro del mondo, di ritenere che il pianeta giri intorno a noi. Ci viene naturale, non ci costa sforzo. È la conseguenza della singolare forma di razzismo che abbiamo sviluppata nei secoli. Nessun desiderio di preservare una purezza ormai impossibile: dai letti delle donne siciliane sono passati rappresentanti di tutti i popoli. Al suo posto un radicato complesso di superiorità. C'è una frase che lo fotografa. Una frase che non udirete mai pronunciare in pubblico, ma che è un ritornello nelle discussioni domestiche, nelle private polemiche di ciascuno ogni qualvolta, cioè sempre, si sente toccato da un'affermazione di chi sta in continente (per noi incomincia a Reggio Calabria): «Parlano loro, i cui avi giocavano sugli alberi con le scimmie, mentre i miei recitavano già Platone...» Ammesso che sia così, anche i celebrati testi di Platone potevano essere giunti soltanto dal mare assieme a quegli intraprendenti marinai greci e fenici, che ci spalancarono il cammino verso la civiltà. Dobbiamo molto, se non tutto, al mare. Tuttavia non è bastato per indurci a considerarlo una via di ricchezza, di conquiste, di crescita, quale è stato pure nelle traversie che ci ha causato. Prendete l'invasione saracena del IX secolo. Erano pirati, predatori di donne e bambini, feroci schiavisti, ma dopo che la conquistarono, assieme a un fisco esoso, regalarono alla Sicilia un periodo di splendore e di gioiosa esistenza. Allorché il resto dell'Italia stava nel buio della storia, angosciato dalle pene dell'inferno, tartassato da carestie ed epidemie, nell'isola si esibivano ballerine indiane e spogliarelliste algerine, si giocava a scacchi, si scopriva la fragrante pasticceria araba, divenuta nei secoli rappresentazione gastronomica della nostra propensione agli eccessi: la frutta candita, le paste di mandorle, la ricotta lavorata con la cannella, con il pistacchio e con il cioccolato. Palermo e Catania si riempirono di quartieri residenziali, le palazzine sfoggiavano grandi terrazze, le stanze erano abbellite da specchiere e candelabri, ogni cortile interno esibiva fontana e piante esotiche, mentre le altre città della penisola erano casupole addossate l'una sull'altra. Lungo le pubbliche vie i monelli siciliani si guadagnavano la mancia girando con grandi specchi nei quali maschi di tutte le età controllavano l'abbigliamento, la capigliatura. Nello stesso periodo su Roma, su Milano, su Napoli, sui borghi desolati delle valli e delle pianure calava la proibizione del clero di ridere in determinati giorni della settimana.

L'altra faccia di questa medaglia appariscente era la nostra posizione di popolo sottomesso. Facevamo la bella vita, però non comandavamo a casa nostra: noi eravamo i vinti, gli arabi i vincitori. Noi siamo sempre stati i vinti. Vinti da tutti e conquistati da nessuno: non tanto per orgoglio quanto per l'incapacità di sentirci parte di un insieme. Se è vero che ciascuno è la risultante dei libri che ha letto, noi siciliani dobbiamo essere la risultante dei libri che non abbiamo letto. Ci pavoneggiamo con Tomasi di Lampedusa perché il *Gattopardo*, soprattutto dopo il film di Visconti, è diventato una citazione facile sotto ogni latitudine, ma quasi ignoriamo De Roberto perché *I viceré* continua a essere un coltello nella ferita aperta. Eppure l'uno è un accattivante minuetto retto da un'intelligente operazione nostalgica, l'altro un vibrante atto d'accusa, un racconto e una scrittura intessuti di sangue, di muscoli, di carne. Con anticipo perfino su Sciascia, De Roberto profetizzò che i mali della Sicilia sarebbero diventati i mali dell'Italia.

Ci piacciono i difetti altrui perché ci confortano nella certezza che nessuno sia migliore di noi. Tuttavia inseguiamo il consenso di chi viene da fuori come i girasoli inseguono la luce. La nostra leggendaria e asfissiante ospitalità esprime il bisogno ossessivo di sentirci apprezzati, di sapere che siamo considerati unici, come unici riteniamo che siano il nostro sole, il nostro mare, il nostro clima, il nostro cibo, la nostra intelligenza, la nostra astuzia. Sommergiamo l'ospite, qualsiasi ospite, di doni e di carinerie non per esserne ricambiati, ma affinché egli ci creda sulla parola quando gli racconteremo la nostra verità.

Non abbiamo un grande avvenire dietro le spalle, eppure si insiste nell'inseguire un aureo, ma inesistente passato. Nei mesi scorsi alcuni professori hanno proposto l'abolizione dei *Promessi sposi* dal programma scolastico, la sostituzione con opere di scrittori siciliani e la preferenza andava a Camilleri più che a Verga, perché la lingua di Camilleri è un ibrido permeato sul dialetto e non il perfetto italiano di Verga arricchito dai contributi gergali. Riemerge periodicamente il desiderio di chiuderci in noi stessi, di usare il mare come una barriera invalicabile dagli altri. Nel subconscio di tanti continua a valere ciò che il massimo ideologo dell'indipendentismo, il professore palermitano Antonio Canepa, scrisse in *La Sicilia ai siciliani*: «La Sicilia è un'isola. Da ogni parte la circonda il mare. Dio stesso, nel crearla così, volle chiaramente avvertire che essa doveva rimanere staccata, separata dal continente. Ecco ciò che la geografia c'insegna. Questa separazione non sempre è stata mantenuta. Gli uomini si sono ribellati ai voleri di Dio. E hanno voluto riunire con la forza quei territori che Dio aveva ben separato. Non sono stati, però, i siciliani a passare lo stretto di Messina per andare a comandare sul continente. Sono stati gli uomini del continente a passare lo Stretto con la pretesa di venire a comandare in Sicilia».

Nelle ballate dei cantastorie dispensatori di onore e di destrezza persino a chi non li meritava non c'è traccia d'imprese marinare, non si narra di partenze gioiose, cariche di aspettative, bensì di bastimenti carichi d'emigranti con le lacrime agli occhi. In letteratura, poi, è un mare foriero di tragedie, il mare patrigno dei *Malavoglia* e di *Horcynus Orca*. Un mare di paura e di destini segnati, un mare di sventura e mai di avventura, un mare sul quale non sono cresciuti né grandi condottieri né capitani coraggiosi né esploratori. Un mare considerato quale semplice passatempo e banco di prova delle giovani leve, che però non ha allevato velisti, canoisti, canottieri, nuotatori di piscina e di gran fondo, pallanotisti in grado di primeggiare. Soltanto nell'ultimo decennio il nostro accentuato gusto per il paradosso ha regalato una stupefacente fioritura di pallanotiste.

Lontano dalle chiacchiere salottiere, dalla vanagloria, dalle parole e parole di progetti turistici sempre rimasti sulla carta, il mare non è più la prova di una particolare benevolenza, ma di una condanna divina. I pescatori si sentono gli ultimi dannati della terra, salgono sulle barche con la stessa rassegnazione con cui i minatori gallesi scendevano nelle gallerie sottoterra. I loro sono racconti di sacrifici, di privazioni, di lutti. Tutto si tiene: dall'imperversare degli elementi alle mitragliatrici delle motovedette tunisine e libiche. A esse è riservato il ruolo classico dei cattivi. Ci si addolora per i tragici bollettini di motopescherecci colpiti e catturati nel canale di Sicilia, viene però nascosto che quei motopescherecci hanno invaso le acque altrui e le motovedette, esasperate dal ripetersi di tali infrazioni, hanno semplicemente difeso lo spazio territoriale. Quella dei pescatori è una sfida quotidiana, abbisogna di fegato e spregiudicatezza. Le doti che sono mancate per impedire a Cosa Nostra di allungare le mani sul mercato del pesce. Uomini che in mare affrontano la morte, a terra diventano succubi di chi li sfrutta, di chi con la sopraffazione succhia la loro stessa vita.

Il pescespada e il tonno costituiscono la ricchezza delle acque siciliane. Per controllarne la vendita si sono combattute sanguinose guerre di mafia. Agli acquirenti quotidiani il pescespada costa dai 25 ai 35 euro al chilo. I pescatori sono costretti a cederlo per 3-4 euro. Una cifra ridicola, dalla quale bisogna detrarre il 10 per cento incamerato dalle «famiglie» per non tradire l'implacabile legge del «pizzo». Va anche peggio con il tonno. Il suo valore commerciale è ridotto, non figura tra i rinomati piatti di pesce fresco. L'eccezione sono i giapponesi, che ne consumano grandi quantità. Gli importatori del Sol Levante trattano grosse partite, ma i pescatori faticano a consorziarsi per venderle direttamente. Gli Amici e i Bravi Ragazzi hanno gioco facile nell'imporre i propri intermediari: ai pescatori non vanno mai più di 4 euro a chilo, agli intermediari il quadruplo. Nessuno, però, denuncia. Ogni tanto qualche pestaggio – di cui la vittima non sa indicare responsabili e movente – induce magistratura e polizia a indagare. Scattano gli arresti, i sequestri di società, le confische di beni, poi tutto ritorna come prima.

A Catania esiste un mare dell'innocenza ed esiste un mare dell'ambiguità.

Il mare dell'innocenza è verso sud, in direzione di Siracusa: spiagge di sabbia tenera, acqua opaca, fondali bassissimi pieni di telline. Le mamme ci portano i bambini perché giocano a pallone, perché trovano compagnia adeguata, perché difficilmente annegano (l'unico pericolo sono le fosse scavate dai pescatori per coltivare le telline). Da quelle spiagge siamo passati tutti. I pediatri ne magnificano le virtù curative. Nei sei mesi di sole a picco, di caldo opprimente, di afrori carnali che si mescolano ai profumi delle granite, delle brioche calde, della schiuma dello zabaione, nei sei mesi di quella lunga estate che incomincia il 1° maggio e finisce il 31 ottobre, si scorgono file di bimbi sdraiati sulla sabbia, i più obbedienti ne vengono perfino ricoperti. Fanghi rudimentali, che nelle raccomandazioni di nonne e mamme sono l'antidoto più efficace alle influenze e alle tonsilliti invernali.

Il gran privilegio di nascere e di vivere in Sicilia.

Oggi come ieri viene detto ai siciliani di domani che la

Sicilia è un paradiso naturale senza eguali, che è stata creata da Dio in un momento di particolare altruismo, che è amata, desiderata, invidiata in tutto il mondo. Noi ci abbiamo creduto e immaginiamo che ci abbiano creduto quelli che avranno vent'anni nel 2010 e che ci crederanno quelli che avranno vent'anni nel 2020. Ma, voltandoci indietro, ci accorgiamo che il nostro destino è stato deciso dal treno su cui siamo saliti non per sfuggire a una realtà che comunque amavamo, ma perché c'impedivano di fare l'unico mestiere per il quale ci sentivamo tagliati. Non siamo scampati al peggio per nostra scelta, ma perché un signore ci ha detto no, ci ha indotti a emigrare. Grazie a quel cortese rifiuto abbiamo assistito da lontano al massacro di una generazione dentro cui potevamo essere risucchiati. E sarebbe troppo comodo dire che ci saremmo comunque trovati dalla parte giusta. Sulla sponda del diritto e sulla sponda del sopruso si sono affrontati volti conosciuti, volti amati, volti di ragazzi assieme ai quali avevamo condiviso gli sbadigli in classe e le partite di calcio sulla spiaggia vicino al mare dell'innocenza. Quanti morti, quante lacrime. Eppure ci sentivamo tutti figli di un Dio Maggiore, l'espressione più riuscita di una razza eletta. Ciascuno è andato a morire per dimostrarlo. Ci si fa ammazzare dalla mafia per gli stessi motivi per i quali la mafia ammazza. L'Eterno Paradosso Siciliano nella sua estrinsecazione più atroce. I camposanti sono pieni di siciliani uccisi per non essersi lasciati incantare dal clima, dal mare, dal sole, dagli aromi, dagli odori, per non aver ceduto alla suggestione degli uomini di rispetto, degli Amici, dei Bravi Ragazzi, degli « sperti e malandrini », dei gattopardi, dei galantuomini, dei compari. I migliori di noi sono finiti sotto una croce per testimoniare che esiste un'altra Sicilia, che questa Sicilia non si arrende e non si arrenderà mai, che ci sarà sempre una voce libera pronta ad alzarsi contro l'assuefazione al peggio, contro il ributtante imbroglio che sia esistita una mafia buona, un'onorata società con le sue regole, con i suoi uomini d'onore, con le sue donne sante e ignare di tutto. Nello stesso minuto in cui voi leggete queste righe almeno mille siciliani sono pronti a giocarsi la vita per non partecipare all'immondo carnevale che impazza nelle nostre strade e nelle nostre piazze.

Il mare dell'ambiguità è verso nord, in direzione di Taormina. Ad Aci Castello comincia la riviera dei Ciclopi, dirimpetto ad Aci Trezza si stagliano i Faraglioni (gli enormi coni di pietra lavica scagliati, secondo la leggenda, da Polifemo contro Ulisse in fuga), sotto Acireale sembra di stare dentro un cratere dell'Etna. Questa costa è figlia del vulcano, le rocce hanno l'identica matrice. Un legame fortissimo, saldato da visceri millenari. Da secoli gli abitanti convivono con la diceria dell'eruzione che si mangerà Catania, ma il vero terrore è il sottosuolo che si scuote, la terra che si apre, il mare che si alza. Quand'è pulita, è l'acqua più verde e più trasparente che si possa trovare. Ma è verde e trasparente un giorno su cento, gli altri novantanove è torbida per gli scarichi delle migliaia di villini sorti lungo la costa in assenza di piani regolatori. Quell'acqua – come potrebbe essere, com'è – rispecchia la Sicilia: come sarebbe potuta essere, com'è. In uno degli angoli più suggestivi della riviera costruirono, all'inizio degli anni Settanta, un residence. Doveva essere il primo passo per lo sfruttamento turistico della zona. Nell'attesa del secondo passo il residence divenne il luogo di villeggiatura dei fratelli Calderone, i capi della «famiglia» mafiosa. Vi trascorrevano l'intera estate assieme a parenti e guardaspalle. Quando furono detronizzati da Santapaola, anche il residence cambiò clientela: a soggiornarvi furono il popolare Nitto, il ragazzo più in gamba della città, e i suoi cari. I quali rimasero ospiti graditi e riveriti anche nei lunghi anni, undici, in cui il capofamiglia, in tutti i sensi, era costretto a fare il latitante.

Siamo sempre stati un mondo a parte. Isolati e soli. Da sempre marginali, anche se ci atteggiamo a protagonisti. Lontana la Sicilia dalla Capitale di pertinenza; lontani i latifondi dai centri del potere; lontane Enna e Caltanissetta da Palermo e Catania; lontani i paesi dalle città; lontane le campagne dai paesi. I siciliani hanno sempre escluso che ci fosse un giudice a Palermo, a Catania; hanno appreso che poteva essercene uno a Berlino, ma i prussiani, purtroppo, sono stati fra i pochi a non attraversare lo Stretto. All'interno di questa società chiusa, le mire e le prepotenze di una minoranza hanno avuto il sopravvento sui sogni, sulle aspirazioni, sui desideri della maggioranza. In ottocento anni è cambiato pochissimo della struttura dei siciliani e dei meccanismi del potere. Dai normanni in poi la classe dominante ha dato il massimo appoggio a ogni conquistatore. Per un intreccio d'ignoranza, di cecità, di arretratezza civile, solitamente spacciato per superiore qualità umana, gli sfruttati non hanno mai ambito a eliminare gli sfruttatori, bensì a farne parte. Tutti attratti dall'esercizio della supremazia, che spesso si trasforma nell'esercizio della soverchieria. Non abbiamo mai ritenuto che «u cumannari fosse megghiu du futturi» per il semplice fatto che il «futturi» è parte integrante del «cumannari». Che cos'altro è la nascita della mafia se non l'uso dell'arbitrio da parte dei massari nei confronti dei contadini? Un arbitrio protetto dai proprietari terrieri, unici interlocutori dell'autorità, che ai massari chiedevano il soddisfacimento dei bisogni materiali, le rendite per vivere bene in città.

È incominciata così una gara al peggio mai conclusasi. A parte le normali eccezioni, non è stata inseguita una maggiore giustizia o minore ingiustizia. I servi della gleba hanno aspirato a diventare massari, i massari proprietari. La voglia indistinta e generalizzata è stata ed è la roba. Un'accumulazione selvaggia: il gusto di possedere, non di fare. Le disfide imprenditoriali non attraevano e non attraggono. Le dinastie del lavoro si contano sulle dita di una sola mano. Da secoli dominano gli stessi cinquanta cognomi e gli stessi dieci nomi in un rincorrersi di nonni, di padri, di nipoti, di cugini, di zii. Hanno avuto e hanno una sola stella cometa: il potere. Per non perderlo hanno tradito, hanno spergiurato, hanno complottato, hanno baciato tutti i deretani continentali in circolazione, si sono truccati ora da sfrenati progressisti ora da seriosi conservatori.

Amiamo il tutto e subito, per questo motivo era piaciuto Internet. Aveva scatenato una sorta di corsa all'oro, sui giornali si è scritto di una « Etna Valley »: speriamo che sia meno iettatorio di quando Piovene definì Catania la « Milano del Sud ». Finora il meglio del nostro ingegno l'abbiamo dispiegato nel non sfruttare le strabilianti risorse del clima e della natura. Ma il turismo presuppone organizzazione, rispetto della collettività, esaudimento di richieste molteplici. Difficile accordarlo con la voglia esplicita d'imporre il proprio tornaconto, con il timore che se non viene accolto il nostro punto di vista ne riceveremo un danno. Non è soltanto egocentrismo o, peggio, malafede; gioca pure una scarsa educazione a comprendere le ragioni altrui. L'ambiente insegna che soltanto chi prevale merita rispetto. E più i metodi sono spregiudicati, più si è rispettati.

La stessa mafia imprenditrice è una pia invenzione. Le sole imprese che si sono sviluppate l'hanno fatto all'ombra degli appalti pubblici, con il capobastone a fungere da garante e da collettore. Le proteste, le rivolte hanno riguardato la salvaguardia di un privilegio. La nostra storia è piena di episodi nei quali la speranza di un miglioramento si è legata all'intervento del re – fosse quello di Spagna o, addirittura, il Borbone di Napoli –, giacché soltanto dal trono poteva giungere una soluzione meno iniqua. La Sicilia non si è mai sollevata nel nome di un bene comune, di un obiettivo condiviso. Persino la fiammata dell'indipendentismo nel '44-'46 fu espressione di un'esigua minoranza massonica, detentrice di sterminati terreni, allacciata con la mafia. Agitando la bandiera di una nazione siciliana, alla quale la maggioranza dei siciliani rimaneva indifferente, il vertice indipendentista difendeva precise convenienze. Coincidevano con i feudi dei possidenti. Costoro temevano la democrazia, temevano la minaccia rossa, temevano di esser costretti a misurarsi con la modernità. Da quel giorno il contesto non è mutato. Ogni volta che appare una sigla indipendentista, ogni volta che un nuovo partito proclama di esser stato fondato per il riscatto della Sicilia, dietro si agita la mafia, dietro si muovono gli intrallazzatori.

Raramente i siciliani militano al servizio di un'idea. Troviamo molto più consono che sia l'idea a mettersi al nostro servizio. Abbiamo allevato generazioni e generazioni di voltagabbana. Ci sono siciliani che hanno indossato più magliette di quanti capelli hanno in testa. A ogni tornata elettorale lo sforzo maggiore è d'intuire su chi si poserà l'aureola del trionfatore. Nelle tante votazioni del 2001 il Polo delle Libertà ha colto una straripante affermazione. Ha giocato a suo favore il desiderio di vendicarsi della pressione imposta per dieci anni dal partito dei professionisti dell'antimafia, tuttavia la spinta maggiore è giunta dalle budella profondamente amorali dell'isola. Un'amoralità ecumenica, che secondo i bisogni spazia da Destra a Sinistra e quindi è in grado di coprire ogni spostamento, ogni alleanza fatta in nome del bottino.

Nel dopoguerra questa amoralità ha trovato la sua degna rappresentazione nella Democrazia cristiana. Una DC senza nerbo, senza cuore, senz'anima, che sollecitò l'iscrizione dei grandi boss – Vizzini, Genco Russo, Navarra, Sacco, i cugini Greco di Ciaculli – e dei loro picciotti. Sparita la DC, sono comparse altre sigle: ma quella e queste non sono state e non sono che il sembiante del Partito Unico Siciliano, capace al momento opportuno di amalgamare gli interessi più disparati. Il PUS vince sempre: vince con la faccia di Lima, vince con la faccia di Orlando Cascio, vince con la faccia di Miccichè, vince con la faccia di Mattarella, vince con la faccia di La Loggia. Facce importanti, facce che contano: dietro ognuna di esse si dipanano decenni di tradizione, di esperienze, di consolidati rapporti parentali. E i pochi che credono nella Destra e nella Sinistra – ieri fascisti e comunisti, oggi conservatori e progressisti – rimediano la figura di utili idioti se alleati, di poveri gonzi se avversari.

Ogni elezione è un mercato a cielo aperto nel quale la mafia sta da pascià. Gli Amici e i Bravi Ragazzi hanno bisogno della democrazia per mettere a frutto il bene più prezioso: il ferreo controllo del territorio. In una dittatura senza libere elezioni la mafia appassisce, è ridotta al ruolo di spettatrice, come le capitò durante il ventennio fascista. Con il sistema dei partiti, quando ogni singola preferenza ha un valore, le azioni di Cosa Nostra volano. Alle elezioni nazionali del maggio 2001 sono stati offerti pacchetti di voto a centomila lire l'uno, alle regionali il costo è aumentato in proporzione al numero dei candidati. Gli Amici e i Bravi Ragazzi hanno votato e fatto votare rappresentanti di tutti i partiti: l'accordo è con la singola persona, mai con ciò che rappresenta. Gli Amici e i Bravi Ragazzi sono sicuri che nel momento del bisogno la concretezza, i «piccioli» – l'appalto da un lato, la tangente dall'altro – prevarranno sul resto: ideologia, disciplina di partito, coerenza personale. In passato è capitato perfino con taluni esponenti del vecchio PCI. Erano quelli che spiegavano di non voler criminalizzare i siciliani, Riina compreso; che sostenevano di essere aperti a comprendere le ragioni di tutti. La genìa non si è estinta: alcuni esponenti della Sinistra sono sotto inchiesta per voto di scambio.

Cosa Nostra racchiude e sublima la zavorra che abbiamo accumulato in trenta secoli di megalomania, di vittimismo, di magniloquenza, di presunzione, di alterigia, di eccesso d'intelligenza. Gli Amici e i Bravi Ragazzi non hanno inventato il peggio della Sicilia, ne sono semplicemente l'espressione più compiuta. I genitori che consegnano il figlio collaboratore di giustizia ai suoi carnefici affinché costoro lavino con il sangue l'onta di avere in casa un « infame »; la madre che distrugge la lapide della figlia che si è ribellata all'omertà e ha denunciato gli assassini del padre e del fratello; il giovane arrestato con l'accusa di aver ucciso il padre e che con il proprio silenzio e con la complicità dei parenti copre il vero colpevole, un cugino in « carriera », non sono la raccapricciante manifestazione di una mentalità mafiosa, ma il cascame della cultura siciliana.

2. *Gli specialisti del minestrone*

La nostra specialità è di mescolare le carte, di mettere assieme lo sbirro e il compare, il vino e la birra, il mare e la montagna (d'altronde quale luogo al mondo abbraccia in trenta chilometri i tremila metri dell'Etna e le spiagge dello Jonio?) Lo facciamo con la stessa *nonchalance* del grande baro quando vuole persuadere gli altri giocatori che è stato il buon Dio a mettere l'asso nel suo polsino. In Sicilia ogni vincente ha sempre sostenuto di esser stato fregato da coloro che l'hanno fatto vincere. Il successo venduto come punizione, la dabbenaggine usata come difesa dall'invidia, il disprezzo accarezzato come una medaglia al valore. Abbiamo un debole per il paradosso nella convinzione che sia il mezzo più spiccio per strappare l'applauso. Siamo talmente persuasi delle nostre sovrastanti qualità da esser certi di poter sempre abbindolare il prossimo. Per decenni gli esportatori di agrumi hanno spedito all'estero cassette di arance il cui strato superiore era composto da rilucenti tarocchi, mentre gli strati successivi presentavano di tutto. Da qualche tempo le arance marocchine, spagnole, israeliane conquistano fette importanti di mercato, vengono vendute persino nelle nostre piazze. In Marocco, in Israele, in Spagna, il tarocco se lo sognano, però gli acquirenti di quelle arance sanno che riceveranno ciò che hanno comprato. E dire che come parliamo noi delle arance, come sappiamo raccontare noi la storia di questo frutto giunto dall'Estremo Oriente, gli effetti miracolosi del suo succo, non c'è nessun altro nei cinque continenti... Parliamo sempre, parliamo troppo, magari parliamo bene, ma le nostre parole migliori sono quelle che non diciamo: le parole dell'anima.

Nel minestrone di ogni giorno si perdono di vista le differenze. Ci hanno insegnato che il confine tra il bene e il male, tra il lecito e l'illecito è sottile ovunque. In Sicilia è inesistente nove volte su dieci. È una confusione conveniente: favorisce l'autoassoluzione. Da documenti riservati di diversi organismi investigativi si deduce che la mafia ha interessenze nel 90 per cento dell'imprenditoria isolana. Ci si muove in una palude: amministratori delegati e presidenti organici alle cosche o a esse legati da ambigui rapporti, lavori concessi ad aziende «consigliate», impiego di persone di fiducia. Perfino la grande distribuzione in mano a nomi altolocati del Nord ha preferito pagare e servirsi dei grossisti indicati dalle «famiglie» anziché allertare le forze dell'ordine. Questo comportamento è divenuto l'alibi dei piccoli commercianti, di coloro che valutano un colpo di fortuna cavarsela con il semplice versamento del pizzo.

Il pizzo altro non è che una forma di sottomissione derivata dal comportamento della Chiesa. Al pari di molti elementi del proprio rituale, Cosa Nostra lo mutua dall'Inquisizione. È il funzionario di quest'ultima che scortato dagli agenti si fa pagare una multa dallo sventurato, cui viene imputato un peccato veniale. In seguito per estorcere danaro, beni, moglie, figlie la mafia non userà neppure lo schermo di una colpa da cancellare: basta e avanza il suo potere d'intimidazione. Gli Amici hanno un'unica preoccupazione: che tutti paghino, che nessuno sfugga a quella che rimane la più visibile e convincente dimostrazione di controllo del territorio. Hanno pagato centinaia di milioni gli industriali di spicco per proteggere i punti vendita; paga tremila lire al mese il vecchietto che vende basilico e prezzemolo al mercato. Giovanni Brusca pagava il pizzo a suo padre Bernardo per dei lavori di scavo; i protettori delle prostitute nel quartiere catanese di San Berillo lo pagano ai rappresentanti della «famiglia» Santapaola. Da qualche anno lo pagano anche gli studi professionali – dentisti, medici, avvocati, architetti, ingegneri –, dapprima esentati: l'ufficio verifica dei Bravi Ragazzi funziona così bene che a ognuno viene applicata una tariffa in base ai guadagni. A Siracusa il capo del racket mandò a chiedere dalla galera sei milioni al figlio per cedergli il controllo delle estorsioni.

Al pizzo s'intreccia l'usura. I volti di rispettabili direttori di banca sono il paravento di bande feroci. Parte da essi l'indicazione al cliente disperato di rivolgersi al Bravo Ragazzo in grado di procurare l'aggancio giusto. È una discesa all'inferno. Si perdono soldi, pace interiore, a volte il rispetto di se stessi. Può infatti succedere che alla prima rata non onorata il malcapitato venga assunto come esattore. Estinguerà il debito con le sue prestazioni. Ne occorreranno parecchie, creeranno assuefazione, la vittima si calerà nel nuovo ruolo di carnefice, ne coglierà gli aspetti confortanti, finirà con il trasformarsi in un professionista. Vicende simili rimangono spesso sconosciute, ma è una catena di sant'Antonio in crescita esponenziale. Probabilmente si esaurirà da sola il giorno in cui il numero degli usurai avrà superato quello dei clienti.

Il pizzo e l'usura sono l'ultimo esempio di una uniformità verso il degrado. Ciò che sorprende è la rassegnazione da parte di chi subisce. Una servitù accettata come si accetta il mal di stomaco, motivata con il desiderio di evitare guai peggiori. La paura è più forte della concreta volontà di polizia e carabinieri di stroncare il fenomeno. L'impraticabile giustizia italiana, prodiga di comprensione e di scappatoie per i mascalzoni, diventa l'alibi di qualsiasi vigliaccheria. Così noi che amiamo dipingerci come anarchici, individualisti, spavaldi ci riveliamo un popolo perennemente in ginocchio.

La tendenza della mafia è a operare in regime di monopolio e numerosi siciliani sono lieti di goderne i benefici. Vale per il commercio all'ingrosso e al dettaglio, vale per gli appalti pubblici, vale per ogni forma di attività, vale persino per il Teatro Greco di Siracusa e i suoi famosi spettacoli classici. Siracusa è città di fascino magnetico. Assieme a Messina e a Ragusa divideva la nomea di città «babba», cioè stupida e, in quanto tale, esente dalla contaminazione mafiosa. Ovviamente non era vero. Cosa Nostra allignava benché avesse preferito appoggiarsi a clan locali ed evitato di formare una «famiglia». Dunque per il Teatro Greco non si può parlare di una manovra mafiosa, bensì dell'applicazione di tecniche mafiose da parte di chi non è formalmente mafioso. Potrà sembrare una differenza da azzeccagarbugli, ma è il particolare a rendere ancora più inquietante il quadro. Delinea una sorta di comune sentire, una propensione ad agire per le vie brevi senza distinzione tra la civile società e la disonorata società. Abbattuti gli steccati è più facile stare insieme, costituire quella mescolanza nella quale sguazzare, in cui spunta colui che si offre di mediare fra gli Amici e quanti ne devono soddisfare le richieste. È una singolare figura di arbitro: si attribuisce da solo il ruolo, si definisce un «uomo di pace». Il suo ineludibile consiglio è di accontentare gli Amici, di non irritare i Bravi Ragazzi. Una terra di nessuno in cui sono entrati sacerdoti, rappresentanti dello Stato, luminari della medicina, principi del foro, capitani d'azienda, personaggi dello spettacolo. Ciclicamente scattano le manette. Meraviglia e sconcerto accolgono i risultati delle faticose indagini di magistrati e forze dell'ordine. Meraviglia e sconcerto non sono provocati dai reati o dai rei, ma dalla decisione di perseguirli. Ci si rifiuta di credere all'evidenza per non doversi guardare dentro.

Un sostituto procuratore ci ha raccontato lo scoramento che l'assale ogni qualvolta riceve una lettera anonima su un appalto pubblico, sulla gestione di un ente, sull'assegnazione di un incarico, sull'esito di un concorso. Sa che basterà sollevare il coperchio per trovare non soltanto il marcio, ma anche l'allegra commistione fra irreprensibili cittadini e Bravi Ragazzi intenti a fregare lo Stato, che tanto non esiste, e quindi che male si fa?

A Siracusa la struttura di comando dell'INDA (Istituto nazionale dramma antico) annoverava professori universitari, intellettuali, avvocati dall'illustre curriculum. Non hanno avuto remore nel cedere a un gruppo di malviventi la gestione dei cuscini (affittati al pubblico prima di ogni rappresentazione per mitigare la durezza dei gradoni di pietra), del parcheggio, del servizio maschere, dei punti di ristoro, delle comparse, le quali avevano già contratto l'impegno di girare una fetta dei compensi ai procacciatori dell'ingaggio. Insomma, guadagno doppio per coloro che guidavano il gioco. I caporioni stavano molto attenti nel rispettare le regole esteriori del mercato: si muovevano infatti attraverso le immancabili cooperative (in Sicilia sono lo strumento più usato per intascare quattrini): le componevano personaggi dalla fedina penale immacolata ed erano iscritte ai sindacati nazionali. Coperte da simili sigle, le cooperative si presentavano alle gare e vincevano. L'offerta era all'apparenza la più conveniente. In tal modo miliardi e miliardi del governo, della Regione, del Comune, della Provincia hanno arricchito questi campioni della sopraffazione. Per accontentarli sono state eluse le più elementari regole di contabilità; tuttavia, finché la Direzione distrettuale antimafia non si è mossa su segnalazione di un magistrato, nessuno a Siracusa aveva avuto soprassalti legalitari.

L'illecito patto è durato anni, si dispiegava praticamente alla luce del sole, coinvolgeva consiglieri e funzionari di enti e istituzioni. I soverchiatori erano conosciuti, godevano di discreta fama, ma a eccezione di un coraggioso dirigente dell'INDA – siciliano di nascita, milanese d'adozione – nessuno si era opposto. Anzi chi imponeva la propria legge ci teneva a che la civile società sapesse da quale parte stava il manico del coltello. È ciò che avviene normalmente con la riscossione del pizzo: l'esattore si presenta a bottega e incassa senza adottare precauzione alcuna. Gli occasionali testimoni si voltano dall'altra parte, fingono di non capire. A Siracusa non facevano neppure questo sforzo. Era una situazione pacificamente accettata. L'unico problema derivava dalla curiosità della polizia, allarmata dalle facce che si muovevano attorno al Teatro Greco. Per tacitarla i vertici dell'istituto si presentavano nelle vesti dei benefattori: accampavano il merito di dare lavoro, attraverso le cooperative, a tanti giovani destinati, sennò, alla disoccupazione. Poi, in colloqui riservati, giustificavano la loro cedevolezza con lo stato di necessità, con il timore che andassero a fuoco scene e costumi; si spingevano, addirittura, a definire insostituibile la collaborazione dei malviventi. Nelle ordinanze dei mandati di cattura hanno scritto che raramente colui che veniva vessato è apparso così felice di esserlo. Altro che sindrome di Stoccolma. Gli unici indignati erano gli esclusi dal giro: avrebbero desiderato farne parte. In città la gara è stata a ritagliarsi una fettina della torta, nel peggiore dei casi ad accontentarsi dei biglietti omaggio, che infatti rappresentavano un considerevole buco nel bilancio.

Nei mesi successivi agli arresti primaverili è nata una voce, ingrossatasi sotto il sole d'agosto e divenuta verità di fede con le brezze autunnali: lo scandalo dell'INDA? Una montatura di quei cattivoni dei comunisti per spostare da Siracusa a Roma la sede dell'istituto.

A chi ha obiettato che l'inchiesta era sorretta da fior di confessioni è stato risposto che comunque non esisteva motivo di creare tutto quel polverone. Adesso si aspetta un giudizio definitivo dall'imminente processo.

L'ennesima spartizione degli appalti dell'ANAS ha provocato l'arresto di un anziano ingegnere. Gl'inquirenti l'hanno ritenuto il referente del cartello che in dieci anni si è diviso quasi 300 milioni di euro destinati alla manutenzione di strade e autostrade. Alla stangata hanno prestato un'interessata collaborazione decine e decine di siciliani, che non soltanto con la mafia non hanno alcunché da spartire, ma che da essa, se interpellati, prenderebbero le distanze. Parliamo degli impiegati e dei funzionari che hanno affidato gli incarichi senza domandarsi se i ribassi presentati dal cartello erano praticabili, che hanno ritenuto plausibili le richieste di revisione prezzi, che non si sono stupiti della partecipazione alle aste di imprese le quali non ne avevano fatto richiesta, mentre erano escluse quelle che la richiesta l'avevano fatta. Nel garbuglio c'è stato spazio e ricompensa pure per i dipendenti postali addetti a smistare le buste raccomandate con l'offerta. Quando giungeva la busta di una ditta estranea al cartello veniva occultata oppure aperta e la cifra alterata.

I giornali hanno scritto che gli appalti dell'ANAS erano pilotati dai boss, che i tentacoli della piovra mafiosa si sono allungati sui lavori stradali. Ma gli Amici e i Bravi Ragazzi hanno soltanto suggerito l'affare e svolto la funzione di tramite fra le imprese e l'ANAS. Non sono avvenuti intimidazioni, minacce, ricatti. Stabiliti i contorni del business, le cosche si sono ritagliate la percentuale di guadagno e il colossale raggiro ha camminato da solo, per la felicità di quanti vi erano implicati. Una formula già collaudata. La stessa utilizzata da Angelo Siino e Giuseppe Lipari al tempo del famoso «tavolinu»: nel 1988 segnò lo stupefacente accordo dei corleonesi di Riina e Provenzano con diversi nomi altisonanti dell'imprenditoria italiana, quella pronta a riempirsi la bocca con l'etica del capitalismo e con la trasparenza degli affari. La procura di Palermo pensava di avere spazzato via l'insano connubio, se l'è invece ritrovato davanti in una versione prettamente siciliana. A tirare i fili di nuovo Siino e Lipari, sebbene in posizioni differenti: l'uno di qua, l'altro di là. Siino, da collaboratore di giustizia, ha spiegato ai magistrati il marchingegno e i beneficiari. Fra costoro figurava Lipari nella veste di eminenza grigia. Con lui trattava l'anziano ingegnere, rappresentante degli imprenditori, nessuno dei quali è risultato affiliato alla mafia.

È avvenuto un sapiente sfruttamento del marchio con relativo pagamento delle *royalties*. In questa maniera una volgare truffa – sostantivo sgradito a molti siciliani, convinti di potervi dimostrare che ogni loro ingiusto arricchimento è soltanto un arrangiarsi nei confronti di uno Stato sanguisuga, avido, immemore di mille promesse non mantenute – ha assunto i connotati dell'eternità mafiosa, del suo esserci sempre e comunque, a dispetto di arresti e proclami. A mescolare una volta di più le carte è la singolare personalità dell'anziano ingegnere, conosciuto in tutta l'isola, con importanti incarichi nelle associazioni di categoria. Alla fine degli anni Ottanta l'ingegnere andava cauto nei giudizi: spiegava che in Sicilia non esisteva la mafia, bensì il consueto e innocente scambio di favori che avviene a New York e a Londra, a Tokyo e a Francoforte. Ma nel '91, dopo l'omicidio di Libero Grassi (il proprietario di un'azienda di calze in prima linea contro il racket), l'ingegnere arrivò a invocare l'uso dei carri armati contro le cosche. In molti se lo ricordano nei cortei commemorativi di Falcone e di Borsellino. A dare credito a Siino, l'ingegnere vi partecipava dopo essere uscito da una riunione tra i membri del cartello, gli Amici e i funzionari dell'ANAS. Nel '97 l'ingegnere si esibì in un pubblico ringraziamento ai magistrati e alle forze dell'ordine per un'operazione antimafia nel quartiere di Brancaccio.

La domanda allora è una sola. Questo ingegnere è uno straordinario attore capace di qualsiasi finzione per dissimulare la propria natura? O è uno dei tanti siciliani schieratisi con sincerità d'animo contro la mafia cattiva e persuasi che ne esista una buona con la quale si possono concludere affari vantaggiosi? Tale duplicità di atteggiamento maturò con i tre lustri di dittatura da parte di Riina e dell'ala militarista corleonese. Soprattutto dopo le stragi di Capaci e di via D'Amelio fu agevole scendere in campo contro «zu Totò», fu agevole schierarsi con la Legge. Le bombe, gli eccidi furono giudicati estranei alla storia di Cosa Nostra, stridevano con l'immagine diffusa dai suoi cantori – pensate al *Padrino* di Puzo –, mettevano a rischio il ruolo di spettatori, che i siciliani si sono sempre ritagliati nelle scaramucce fra gli uomini in divisa e le coppole storte. Ormai era una guerra fra Stato e Antistato e in una guerra, teorizzò Riina, possono andarci di mezzo anche i bambini: forse che a Sarajevo non ammazzavano i «picciriddi»? A questa mafia i siciliani si sono opposti, l'hanno disconosciuta, hanno ipotizzato una congiura internazionale, hanno azzardato che i corleonesi non c'entrassero con Cosa Nostra. Esauritasi la stagione dell'emergenza, è ripreso il solito atteggiamento nel quale non esiste differenza fra i metodi della presunta società civile e i metodi della disonorata società. Di conseguenza la mafia non è più mafia, diventa il solito arrangiarsi di tutti sotto tutti i cieli, diventa la spregiudicatezza obbligatoria degli affari, diventa la difesa estrema di noi poveri siciliani vittime designate...

Cinisi è uno di quei luoghi appartati che Cosa Nostra trasforma in santuari. Di Cinisi è Badalamenti, il cui nome già nel '47 era citato in un traffico di droga, atteso da altri ventidue anni nelle galere statunitensi dove langue dall'84. Di Cinisi è Saveria Palazzolo, la moglie di Bernardo Provenzano. Di Cinisi è Vito Roberto Palazzolo, arrestato a Lugano nel 1984 nell'ambito dell'inchiesta «Pizza Connection», scappato due anni dopo in Sudafrica: qui diventa Robert von Palace Kolbatshenko, proprietario di fabbriche e di miniere di diamanti, snodo di ogni traffico fra Città del Capo, la Namibia e l'Angola. Le autorità italiane da anni tentano di ottenerne l'estradizione, ma finora hanno sbattuto contro un muro. All'epoca dell'*apartheid* si sussurrava che Palazzolo ricattasse il potente ministro dell'Interno, Pik Botha, ritratto in alcune foto con l'amante di colore; poi sono saliti al potere il National Congress e Nelson Mandela ed è cambiato ben poco. Anzi nel '94 Palazzolo, alle cui dipendenze opera un piccolo e armatissimo esercito privato di mercenari russi, tedeschi e angolani, ha ottenuto un passaporto sudafricano. In tal modo può viaggiare, andare di persona in Svizzera a curare depositi e investimenti.

Ma Cinisi ha una stazza persino superiore a quella di questi suoi ambasciatori di livello internazionale. Cinisi significa il controllo dell'aeroporto di Punta Raisi con tutto ciò che comporta: passaggio di droga, di armi, di soldi sporchi. Cinisi è stato il paese di Peppino Impastato, consegnato dopo vent'anni all'ammirazione generale dal film *I cento passi*. Ricordate l'entusiasmo e lo sdegno suscitati dalla pellicola? Fu effettuata una proiezione alla presenza dell'intero paese. I resoconti dei giornali descrissero la partecipazione corale, affermarono che erano definitivamente alle spalle gli anni oscuri della complicità a ogni livello raccontati nei *Cento passi*. A fine estate 2001, il governo ha sciolto per mafia il consiglio comunale di Cinisi retto da una giunta di centro-sinistra. Uno dei principali indiziati, un ex democristiano approdato al Partito popolare, la sera della prima era stato tra i più scatenati nell'applaudire e lodare il film.

In un paesino della cintura catanese, San Gregorio, un vicesindaco ha proposto di intitolare una strada a Paolo Borsellino e un'altra a Carmela Minniti, la moglie di Santapaola, uccisa in una faida intestina. Quale differenza volete che possa esistere fra il magistrato fatto a pezzi assieme alla scorta per la sua specchiata fedeltà al dovere e una sfortunata signora caduta a causa di un marito scomodo, in compagnia del quale si trovava al momento dell'arresto, dal quale mai aveva preso le distanze e dei cui privilegi aveva a lungo beneficiato?

Nel turbinio delle polemiche scatenate dalla decisione del sindaco di Tremestieri Etneo di dedicare una via a Mussolini, si è perso l'aspetto più sconcertante: che soltanto uno spigolo di muro separerebbe via Mussolini da via Gramsci. La sicumera siciliana di poter abbracciare gli opposti fa sì che a dieci centimetri di distanza si onorino la vittima e il suo carnefice, che con un semplice passo si transiti da un estremo all'altro delle ideologie e della politica cancellando cinquant'anni di lutti e d'insulti. Questo incrocio senza precedenti raffigura la nostra smania di abolire le differenze, anche quelle che non si possono e non si debbono abolire. L'ecumenismo amorale di cui abbiamo bisogno per scorrazzare a centottanta gradi senza timore di critiche, di ritorsioni e, soprattutto, di ammende.

A Santa Maria di Licodia un imprenditore ha donato alla scuola media un anfiteatro. La prima pietra d'inizio lavori annunciava che sarebbe stato intitolato a Saddam Hussein. Il mattino della posa si sono presentati l'ambasciatore iracheno e quello palestinese. Il *Wall Street Journal* ha mandato un inviato. L'imprenditore è un ex camionista che dice di fare il petroliere con un milione e mezzo di barili di greggio importati dall'Iraq. L'investimento gli è costato 30 milioni, qualcuno ha ricordato i 30 denari di Giuda. Lui ha scrollato le spalle: ha avuto titoli e foto sui giornali, ha acquisito tangibili benemerenze con il dittatore iracheno. Anche sindaco, vicesindaco e giunta, espressione di una lista civica che va da AN a Rifondazione, hanno manifestato una palpabile gioia: a New York e a Baghdad si sono finalmente accorti che esiste Santa Maria di Licodia. L'immancabile intellettuale locale ha messo i puntini sulle i: « Il soffio della Storia si è sempre avvertito dai luoghi periferici. Se lo lasci dire da chi è laureato in scienze politiche e specializzato in storia ».

Quante amarezze dalla Storia. Ci giudichiamo perfetti per risiedervi in pianta stabile, possibilmente al centro del proscenio, ed essa invece continua a respingerci. Riterremmo lesivi della nostra natura di protagonisti i quindici minuti di popolarità spettanti a ogni bipede e siamo costretti a ricorrere alle provocazioni, peggio dei guitti di terz'ordine, per conquistare un titolo nelle cronache e magari uno sconticino da Saddam. A Santa Maria di Licodia spiegano di aver voluto attirare l'attenzione del pianeta sulla tragedia dei bambini iracheni, che soffrono e muoiono a causa dell'embargo decretato dopo la guerra del Golfo. Si sarebbe dunque trattato di un'azione umanitaria. Stiamo purtroppo diventando specialisti di azioni umanitarie incomprensibili per il resto dell'umanità. Da sindaco di Palermo, Orlando Cascio concesse cittadinanza onoraria ed esequie pubbliche a Joseph O' Dell, condannato a morte negli Stati Uniti per una serie impressionante di delitti. Come se Palermo non avesse dato i natali a fin troppi fabbricanti di morte.

Schierarsi contro la pena capitale è una scelta di civiltà, la suggestione del «nessuno tocchi Caino» c'intriga, ma potendo scegliere un fratello preferiremmo Abele.

3. Lo Stato non esiste

Molti, troppi di noi credono davvero che sia esistita un'onorata società governata da un codice superiore: protezione dai soprusi, difesa del più debole, punizione del reo. Una via di mezzo fra i cavalieri della Tavola rotonda, i paladini di Orlando e i templari, che a Trapani stabilirono un forte insediamento, dal quale germinarono i cavalieri del Muro, gli antesignani della massoneria. Il segno d'iniziazione dei templari, il bacio sulla bocca del Gran Maestro, si è tramutato nel triplo bacio massonico e nel doppio bacio mafioso. L'appartenenza alla libera muratoria è stata vissuta dai siciliani quale segno distintivo di una indiscutibile eccellenza. Era palermitano Vincenzo Balsamo, più noto con il nome di Alessandro Cagliostro, che della massoneria in rapida diffusione nell'Europa del XVIII secolo afferrò l'enorme possibilità di guadagno e di comando. Ma poteva un siciliano accontentarsi di essere semplice componente di una congrega, per quanto ammantata di esoterismo, alchimie, pratiche iniziatiche? Cagliostro pensò bene di fondare una loggia tutta sua, la definì di rito egiziano. Che cosa significasse probabilmente sfuggiva anche a lui, però gli forniva la giustificazione per esserne il padrone assoluto. A Cagliostrò andò male, agli altri siciliani che ne hanno seguito l'esempio è andata meglio.

Dall'Unità in avanti la Sicilia è stata officina di logge, di riti, di obbedienze, che con la scusa di applicare gli autentici princìpi della massoneria hanno in realtà coltivato l'esclusivo tornaconto dei propri fondatori. Le logge isolane si sono sempre poste in alternativa al potere centrale del Grande Oriente: hanno cominciato dietro la venerabile copertura di Garibaldi – all'epoca riconosciuto come primo massone d'Italia e destinatario di una giaculatoria che lo invocava «Padre della nazione, Figlio del popolo e Spirito della libertà» –, hanno proseguito favorendo la scissione del 1908, si sono scatenate dopo la seconda guerra mondiale. Un fiorire d'iniziative in barba a qualsiasi ortodossia: logge di soli cattolici nonostante la Chiesa punisse con la scomunica l'appartenenza alla massoneria; logge che predicavano il distacco dall'Italia; logge composte da siciliani, statunitensi e libici quando l'aviazione statunitense bombardava Tripoli. Massoni che venivano iniziati alla mafia e mafiosi che venivano iniziati alla massoneria, un tipetto intraprendente come Stefano Bontate, il «principe di Villagrazia», fondatore di tre logge di tre riti diversi per soddisfare una smisurata propensione alla magia e ai segreti. Insomma non sono mai stati i siciliani a iscriversi alla massoneria, ma la massoneria a piegarsi, suo malgrado, alle fantasie e alle megalomanie dei siciliani. Nella loggia più irregolare di tutte, la P2 di Gelli, la città meglio rappresentata era Catania.

La massoneria è stata interpretata a guisa di scorciatoia per raggiungere l'agiatezza, la supremazia, la rilevanza sociale. Ancora oggi si fa la fila per entrare in una qualsiasi loggia: più che starci l'importante è poterlo sussurrare ai conoscenti. L'appartenenza a una società pseudosegreta attizza: è un balsamo per l'autostima, consente di sentirsi un gradino più in su della massa. Un «fratello» in vena di sfoghi ci raccontò che in nessuna delle tante riunioni alle quali aveva partecipato si era discusso di idee, di progetti, di etica legati al Grande Architetto dell'Universo. Avevano sempre parlato di affari, di affari, di affari. E questi presupponevano raccomandazioni, incarichi, favori.

Messina, Catania, Trapani sono dominate da iscritti a un qualsiasi Oriente. Messina è arroccata attorno all'università e al policlinico; Catania spera nelle nuove iniziative imprenditoriali collegate all'Interporto e allo sviluppo turistico del litorale sud; Trapani ha un consolidato intreccio di banche e di traffico d'armi. Trapani è la capitale del mistero. Ha in percentuale il maggior numero di logge coperte d'Italia, di finanziarie e di fuoristrada; qui soggiornò Alì Agca prima di sparare al Papa, qui furono rinvenute tracce che portavano al rapimento di Moro e all'attentato contro Wojtyla, qui ha avuto sede la base più occulta dei servizi segreti, qui ammazzarono Mauro Rostagno e il movente continua a essere ufficialmente sconosciuto. In due hanno provato a sollevare il coperchio, i sostituti procuratori Giacomo Ciaccio Montalto e Carlo Palermo: il primo è stato assassinato, il secondo è scampato a un attentato dinamitardo costato la vita a una mamma e ai suoi gemellini. Perfino Totò Riina al massimo della tracotanza preferiva non avere a che fare con le cosche «trapanesi»: lui, che aveva commissariato le altre otto città isolane, con Trapani si accontentava di un ossequio formale. Da qui proviene il personaggio più enigmatico della moderna Cosa Nostra, Matteo Messina Denaro. È il secondo nella lista dei ricercati, il padre è morto in latitanza (ma un parroco ne tessé le lodi durante i funerali religiosi), un fratello è stato arrestato, tuttavia secondo polizia e carabinieri il tenebroso Matteo gode di vaste protezioni. Uno dei suoi rifugi era la casa di un insospettabile professionista, che si è scusato dicendo di non aver avuto alternative. Una sua fiamma appartiene a una famiglia di gran pregio: l'esistenza dei parenti della ragazza è diventata un percorso a ostacoli, si muovono e lavorano con l'occhio degli inquirenti di sopra, ogni mattina proclamano ad alta voce la propria estraneità.

L'essere perennemente in bilico è la soprattassa che versiamo alla mafia. Perché ci si conosce fin da bambini, perché si sono frequentati lo stesso bar, la stessa parrocchia, lo stesso circolo di nobili e di borghesi. Diciamo di anteporre il calore dei rapporti umani alla freddezza delle leggi, in realtà bazzichiamo un po' di qua, un po' di là per raddoppiare i guadagni e dimezzare le perdite. Non c'è stato grande capo della mafia che non abbia coltivato rapporti confidenziali con un commissario di polizia, con un ufficiale dei carabinieri. All'epoca di Giuliano il principe Alliata regalava un orologio d'oro della stessa marca al caro Turiddu e al tenente colonnello dei carabinieri Paolantonio. Riina si atteggiava a controparte dello Stato, ma se aveva da investire due miliardi li affidava ai cugini Salvo affinché acquistassero obbligazioni dello Stato. In più i disponibili cugini si adoperavano per far piovere finanziamenti regionali a fondo perduto sull'azienda agricola che « zu Totò » possedeva con i Brusca. Vittorio Emanuele Orlando, capo di governo nei giorni felici di Vittorio Veneto, votava monarchia nel referendum istituzionale del 1946, tuttavia era orgoglioso di essere indicato dagli indipendentisti quale primo presidente di un'ipotetica Repubblica siciliana. Il dottor Michele Navarra, il « don » della famiglia corleonese prima di essere impallinato da Leggio, teneva bene in vista nel salotto di casa le pergamene di cavaliere della corona d'Italia e di cavaliere al merito della Repubblica. Rino Nicolosi è stato un democristiano atipico: intelligente, colto, brillante, propositivo. Lo abbiamo sentito pronunciare discorsi di ampio e civile impegno contro la mafia, eppure da presidente della Regione aveva ideato una gestione sbrigativa delle risorse pubbliche – circa trentamila miliardi tra l'84 e il '91 –, di cui le cosche furono le principali beneficiarie.

L'eterna bivalenza siciliana: si sta sospesi fra le stelle e le stalle, fra lo Stato e l'Antistato, fra il traffico della droga e i BOT, fra il salotto buono della finanza italiana e i «mammasantissima» che governano ogni metro.

Se qualcuno trova da ridire su questo essere carne e pesce per non pagare dazio, lo accusiamo di persecuzione, di volgare ricorso agli stereotipi. I giornali siciliani hanno aperto cento polemiche con i giornali di Milano, di Berlino, di Londra, di Parigi, di Stoccolma, di New York, di Los Angeles, imputati di scrivere che alla fine della giostra, alla fine del rimescolamento delle carte, la rappresentazione più forte della Sicilia è la mafia. Si sostiene che questi continentali con la puzza sotto il naso si divertono a trasformare una pagliuzza in trave. Non siamo mai sfiorati dal dubbio che forse gli altri ci vedono per come siamo, che gli episodi a nostro giudizio minori – praticamente tutti: dallo smercio della droga alle corse clandestine dei cavalli, dal pizzo agli appalti pilotati – forse non sono tali. La risposta agli articoli negativi è l'invito ai giornalisti stranieri a godere il sole, il mare e l'ospitalità siciliani. Agli inviti seguono spesso corrispondenze entusiastiche grondanti elogi e complimenti, che magari vincono premi *ad hoc* e sono poi riportate dai giornali siciliani per dimostrare ai lettori come siamo apprezzati e stimati all'estero. L'operazione nel suo complesso costa qualche soldo, ma è molto più fattibile che impedire le corse clandestine dei cavalli con il loro seguito di diecimila spettatori vocianti e surriscaldati avendo tutti scommesso tanti bei bigliettoni. Le circonvallazioni sbarrate per ore, gli automobilisti obbligati a fermarsi o a tornare indietro e guai a chi apre bocca, la legge calpestata in pubblico sono equiparati a simpatiche e innocue manifestazioni del folclore siciliano.

Quando il *Sole-24 Ore* stila l'annuale classifica sulla vivibilità delle città italiane e Palermo, Agrigento, Caltanissetta, Catania, Enna, Messina, Ragusa, Siracusa, Trapani si ritrovano abbonate agli ultimi posti la risposta è sdegnosa e sdegnata: il sole l'hanno calcolato? Il mare l'hanno calcolato? Il calore delle persone l'hanno calcolato? La granita con la panna l'hanno calcolata? La pasta con le sarde e il finocchio rizzo l'hanno calcolata? Che vivibilità ci può essere dove d'inverno bisogna infilarsi guanti e cappotti? Il giorno in cui vinse Bolzano il sindaco di Catania pronunciò una parola definitiva: i giornalisti che hanno preparato la graduatoria vadano a vivere a Bolzano e vediamo se dopo un anno non manifestano propositi suicidi.

Ci appelliamo all'opera di Dio – il clima della Sicilia, la bellezza della Sicilia, l'unicità della Sicilia – per dimenticare l'opera dell'uomo. I libri, le cronache, gli atti dei processi, le relazioni ufficiali raccontano che l'interminabile storia della mafia è storia di sopraffazione, di sfruttamento, d'imbroglio. Una mafia sempre pronta ad ammazzare innocenti, donne, bambini: una lunga scia di sangue che ha soffocato l'isola, che ne ha impedito lo sviluppo, che l'ha tenuta ai margini dell'Europa e del progresso.

La Sicilia è precipitata in un profondo torpore. Nel dopoguerra ha generato soltanto mafiosi e antimafiosi. Si è perso lo stampo da cui si ottenevano Ettore Majorana e Luigi Pirandello. Il contributo più sottile alla speculazione intellettuale rappresenta l'apoteosi dell'Eterno Paradosso Siciliano: il concorso esterno in associazione mafiosa. L'unico caso al mondo in cui si è dentro stando fuori. Per quanto contrario ai reati associativi, Giovanni Falcone lo ideò nella speranza di prosciugare l'acqua dentro la quale sguazzavano gli impeccabili intermediari degli Amici e dei Bravi Ragazzi. È servito, però non è un bel biglietto di presentazione per uno Stato di diritto. Ha prodotto controversie infinite, soprattutto ha dimostrato che ad esser pignoli i siciliani in concorso sono molto più numerosi di quelli fuori concorso.

Dalle origini a oggi la mafia è stata sempre e soltanto la disonorata società perché non può essere altro, pena l'estinzione. Ma molti, troppi di noi rifiutano una siffatta realtà, infilano una serie infinita di distinguo, sotto sotto si augurano un ritorno di quella che con evidente nostalgia viene chiamata la « vecchia mafia ». Si attaglia all'idea di una Sicilia così diversa, così splendente di genialità da meritarsi una struttura statuale basata sul proprio profitto. Il complesso di superiorità induce a credere che le regole della convivenza possano essere buone per gli altri, non per noi. Noi escludiamo che possa esistere una società di eguali, di cittadini detentori degli stessi diritti e debitori degli stessi doveri. Disprezziamo i doveri, a meno che non siano nei confronti della famiglia di sangue, ma pure dei diritti abbiamo una concezione singolare: pensiamo che per accamparli abbisogni la forza o la raccomandazione. Gli uomini che si ritengono il sale del mondo dividono ancora il mondo in chi sta sopra e in chi sta sotto. Manca il senso dello Stato, di conseguenza manca la fiducia nello Stato. «Lo Stato siamo noi» appare una solenne corbellatura. Lo Stato viene identificato con il gabelliere, la sua funzione con la riscossione di una tassa comunque ingiusta. Per quanto aberrante possa parere, risulta meno ostico pagare il pizzo, la tassa mafiosa: i soldi rimangono all'interno di un comune circuito economico, anche colui che riscuote appartiene all'ambiente. Vi ricordate la famosa battuta di Roosevelt: «Sì, sono figli di puttana, ma sono i nostri figli di puttana»?

Vitaliano Brancati ha fissato con mirabile efficacia questo nostro essere contro. La sua sensibilità rabdomantica gli consentì di fotografare i caratteri eterni della nostra dannazione. È un articolo scritto nel gennaio 1947 sul *Tempo* di Roma per spiegare i motivi che avevano indotto i siciliani a essere tutti separatisti. Ma ciò che Brancati lega a una precisa fase storica vale per le fasi storiche che l'hanno preceduta e per quelle che la seguiranno. Le accuse di strafottenza che lui muove al governo fascista sono identiche alle accuse che milioni di siciliani hanno mosso prima e muoveranno dopo a ogni governo monarchico e repubblicano, di Roma e di Torino, di Madrid e di Napoli, di Firenze e di Baghdad (l'emiro di Palermo dipendeva dal califfo iracheno).

«...I separatisti potevano allora dividersi nelle seguenti categorie. 1) I ricchi, che non amavano pagare le spese di una sconfitta per una guerra provocata secondo loro dalle industrie del nord, e volevano trovarsi, al momento della firma del trattato di pace, invece che in uno Stato italiano carico di colpe, di errori, di sventure, in uno Stato siciliano nuovo e innocente. 2) I lavoratori e i tecnici che avevano sempre sognato di diventare italo-americani, gli emigrati per istinto e educazione, i quali scoprivano tutt'a un tratto che questo bisogno poteva avverarsi senza le noie di un trasloco. 3) La piccola borghesia spaventata dalla frase: il dopoguerra in Italia sarà orribile. Per costoro separarsi dall'Italia era come separarsi dalla realtà. 4) I contadini piccoli proprietari che temevano il comunismo da quando avevano scoperto che il loro comunismo era il regime degli ammassi. 5) Gli stanchi del servizio militare per i quali l'Italia antifascista era colpevole di continuare una guerra che l'Italia fascista aveva chiuso saggiamente con una sconfitta. 6) Gl'imperialisti irriducibili che preferivano uccidere l'Italia piuttosto che vederla priva di sogni imperiali. 7) Un certo numero di sacerdoti che speravano di riconquistare i privilegi che erano stati tolti dal regno d'Italia. 8) Una schiera di scontenti minori, da ragioni piccole e quasi inconfessabili: gl'ignoranti che odiavano la grammatica e l'obbligo di parlare in italiano, i bocciati alla licenza liceale, quelli che nel viaggio di nozze erano stati male negli alberghi di Milano, i rimpatriati per accattonaggio, i letterati di cui la 'critica di lassù' non si era mai occupata...

«...Il separatismo siciliano del '45 non aveva origini ignobili. Era nato sotto il fascismo come odio a Roma, la città in cui l'oligarchia fascista, proveniente quasi tutta dal nord, aveva stabilito i suoi troni. Roma imperiale aveva ridotto gli agricoltori quasi alla povertà e mandato i loro soldi al di là del canale di Suez, vicino all'equatore, arricchendo una contrada lontanissima di macchine, porti e strade, mentre i dintorni di Roma e di Caltanissetta marcivano sotto il fango e la malaria. Roma imperiale offendeva poi di continuo, con le sue prepotenti bugie, il buon senso dei siciliani. Se questi diffidano per natura di qualunque potere costituito, pensare come dovevano diffidare di un potere assoluto e imperiale... »

4. *Una regione davvero speciale*

SCONTIAMO la mancanza di una borghesia. È fiorita ovunque tranne che in Sicilia. È stata e continua a essere una classe fantasma. È vissuta al traino prima dei nobili, poi dei partiti. Ha sprecato le mille occasioni che ha avuto. Colpa di chi, di che cosa? Di una mentalità piccina? Di una morale figlia dell'Inquisizione? Dell'illuminismo che non vi ha mai attecchito? Di una cultura asfittica? Del sole, del mare, della lava, dell'aria, della pioggia, del profumo di arance, del sentore di mosto, del sapore dei fichidindia? I nostri borghesi a paroloni stanno nei paraggi di Voltaire, in soldoni lì dove, per l'appunto, balena una mancia. Il Parlamento siciliano esiste da oltre due secoli, poteva essere la palestra ideale nella quale crescere le generazioni. Nelle sue aule, invece, dietro l'eterno paravento dell'orgoglio e del benessere del popolo siciliano, si è abituato il suddetto popolo siciliano a spendere i soldi per le luminarie del santo patrono anziché per costruire strade, ospedali, scuole. Forse è da queste aspettative deluse che proviene lo scetticismo nei confronti della politica. Non immaginiamo che possa essere al servizio del cittadino. La consideriamo lo strumento ideale per assolvere ogni peccato, per arricchirsi, per sistemare parenti e amici.

La Regione riversa su Palermo l'85 per cento delle risorse finanziarie. Una cifra enorme, si parla di migliaia e migliaia di miliardi l'anno e servono quasi interamente per pagare gli stipendi degli onorevoli e dei dipendenti. I novanta fortunati eletti all'assemblea siciliana godono delle retribuzioni più alte di tutte le regioni italiane. Le impinguano con i proventi delle commissioni, da cui nel censimento più recente ne risultava escluso uno soltanto. Il presidente ha a disposizione un fondo spesa del quale non deve dare conto. Uno degli ultimi prelevò trecento milioni il giorno prima di essere disarcionato. Quando gli fu richiesta una spiegazione, disse che li aveva versati in beneficenza. I funzionari, i dirigenti, gli impiegati della Regione sono trattati con eguale munificenza. Possono andare in pensione dopo vent'anni di servizio con una retribuzione pressoché intatta, quasi doppia rispetto a quella dei colleghi nazionali, e avendo percepito liquidazioni di centinaia di milioni, se non proprio miliardarie. A più di uno è riuscito il colpo gobbo di toccare l'agognato riposo a quarant'anni con un'anzianità di sedici, più quattro anni di laurea, più altri quattro anni riscattati con motivazioni dove fantasia, intelligenza, certezza d'impunità camminano a braccetto. Né la riforma delle pensioni né la corte dei Conti riescono a opporsi. In tali occasioni scatta fulminea la reazione: attentato alla sovranità della Regione, libera espressione del popolo siciliano. E può mai il popolo siciliano accettare di essere considerato e trattato alla pari del popolo italiano, i cui avi stavano sugli alberi con le scimmie mentre i propri recitavano Platone...?

I pensionati regionali hanno la stessa consistenza numerica di una divisione dell'Esercito, circa quindicimila unità: per accudirli servono un altro centinaio d'impiegati e presto non basteranno. Non c'è stata, infatti, giunta che nel nome dell'austerità e del buon governo non abbia incentivato prepensionamenti e nuove assunzioni con l'immancabile corredo di promozioni e aumenti di merito. Il marchingegno è talmente geniale nella sua semplicità che forse meriterebbe di essere brevettato: assunti a venticinque anni, pensionati a quarantacinque. Di padre in figlio, di zio in nipote, di generazione in generazione, tanto a Roma qualcuno che paghi il conto lo si è sempre trovato. È l'apporto più brillante fornito dal Partito Unico Siciliano per risolvere quella disoccupazione che ci ha afflitto nei secoli, che ha portato milioni di noi a inseguire un lavoro ai quattro punti cardinali del Pianeta. Una sorta di rivincita contro il destino, contro gli sfruttatori di tutte le epoche: ci avete voluto, adesso ci mantenete.

Nell'andazzo sono accomunati tutte le ideologie, tutti i partiti. Sono fatti a immagine e somiglianza dei loro elettori. Un onorevole diessino colse al meglio l'essenza di tale identità di vedute facendo approvare una lungimirante leggina che gli ha consentito di godere della pensione di tre legislature pur essendo stato in carica soltanto per due. Il sogno di ogni siciliano è di essere un dipendente della Regione, di avere un posto nella grande mangiatoia. Le proteste nascono per far aumentare le assunzioni stagionali nella guardia forestale – il principale mezzo di controllo del territorio da parte di Cosa Nostra – e nelle liste dei lavori socialmente utili. Le proteste crescono affinché gli stagionali della guardia forestale e i precari dei lavori socialmente utili siano assunti a tempo pieno dalla Regione.

Sala d'Ercole, sede del consiglio regionale, è la vetrina del velleitarismo più vacuo. Nelle altre regioni gli eletti sono chiamati consiglieri, a Palermo onorevoli per via di quel vecchio Parlamento al quale ci si rifece. L'esempio ha fatto scuola. Il consiglio provinciale di Catania ha dedicato sedute e ricerche a una proposta avanzata dal suo presidente, l'eurodeputato di AN Nello Musumeci: conferire agli eletti il titolo di «Onorevole consigliere», «come accadeva», ha spiegato, «tra la fine dell'Ottocento e l'inizio del Novecento allorché i rappresentanti della Provincia costituivano l'onorevole Consiglio». Altrove lo scherno li avrebbe sommersi, a Catania si sono presi sul serio e sono stati presi sul serio. Perfino i sei che erano contrari alla delibera hanno preferito la linea morbida: se si fossero assentati avrebbero fatto mancare il numero legale e di conseguenza l'approvazione sarebbe slittata. Rimanendo in aula hanno permesso che la norma venisse varata. Il presidente di così elevato consesso ha poi fornito l'acconcia motivazione: «Il provvedimento adottato in aula potrebbe essere inquadrato nel complesso sistema di riforme istituzionali che hanno visto valorizzare dal legislatore il ruolo dell'ente intermedio nell'ambito complessivo del sistema delle autonomie [...] La proposta della Giunta di ripristinare il titolo è una sorta di azione risarcitoria a testimonianza del proficuo e autorevole lavoro svolto dal Consiglio in rappresentanza delle esigenze della collettività provinciale».

Purtroppo non è soltanto questione di etichette. L'Italia repubblicana ha ecceduto in concessioni nei confronti di Palermo. La prima fu lo statuto speciale accordato nel 1946 dal governo De Gasperi. A spingere lo statista trentino furono il desiderio di togliere sostegni all'indipendentismo e forse la coscienza sporca per il poco realizzato nei precedenti ottant'anni. Ma stiamo al fatto certo, la paura dell'indipendentismo. Nel '46 il pericolo di un distacco della Sicilia non esisteva più. Andrea Finocchiaro Aprile, il leader del movimento, aveva già svoltato verso un'accentuata autonomia. A convincerlo erano stati i capi di Cosa Nostra in obbedienza ai desideri degli Stati Uniti e dei latifondisti. A unire il governo di Washington e i casati siculi di antico lignaggio furono il calcolo politico del primo e la comune appartenenza alla massoneria dei tanti che avevano le mani in pasta. Anche Finocchiaro Aprile era massone, paradossalmente iscritto a una loggia antiregionalista, e per di più era molto vicino alla famiglia mafiosa di Palermo Centro, ammesso che non fosse stato addirittura affiliato, come sosteneva Buscetta. Mafioso e massone era per altro l'intero vertice del movimento. Dunque De Gasperi e la DC caddero in un tranello. È facile immaginare che i siciliani, dei quali la Democrazia cristiana era imbottita sia per gli antichi legami con don Sturzo sia per la rinascita del partito avvenuta nell'isola, abbiano spinto per una soluzione che apriva straordinarie prospettive di cassa e di bottega.

Se l'interpretazione è giusta – e opiniamo che lo sia –, alla base di un istituto che in oltre mezzo secolo non ha risolto un problema e ne ha aggravato mille stanno la mafia e la massoneria, l'indissolubile binomio che si è servito degli enormi poteri attribuiti alla Regione per intascare migliaia di miliardi, per stimolare il peggio in ciascuno di noi, per condizionare e spesso strangolare la convivenza di cinque milioni di persone. Lo statuto, infatti, prevede che la Regione incameri i beni demaniali, decida sul sistema bancario e su quello della propria legge elettorale, emetta prestiti interni, crei un corpo di polizia, incassi quasi tutte le tasse oltre a ricevere cospicui contributi a fondo perduto. Potrebbe pure formare un'alta corte di giustizia, ma finora Roma è riuscita a evitarlo. In futuro, chissà. Se dovessimo giudicare dai risultati della Sicilia, ci sarebbe da chiudere in un cassetto ogni progetto federalista e buttare la chiave. Chi ci governa evidentemente ritiene che quanto accade nel «paradiso abitato dai diavoli» (definizione di una poetessa inglese del XIX secolo) non sia ripetibile.

Lo Stato si è rifatto della manica larga utilizzando la Sicilia per azzardati esperimenti. Noi abbiamo sempre pensato, con orgoglio, di essere il laboratorio delle formule più innovative, nella realtà siamo stati il gabinetto del dottor Caligari quando non ci hanno adibito a fogna degli scarichi. Nell'isola sono stati ammazzati Dalla Chiesa, Falcone, Borsellino, ma se è mafiosa la mano che li ha soppressi ben diverso è il cervello che ne ha suggerito l'eliminazione. Nell'isola è stato architettato l'attentato contro Mattei, presidente dell'ENI e inviso alle sette sorelle del petrolio. Nell'isola sono state rinvenute tracce del golpe Borghese e dell'attentato al Papa. Nell'isola soggiornò Sindona durante il falso rapimento dietro cui, probabilmente, si celava un colossale ricatto ad alcuni potenti.

Messa in cornice la laurea in medicina, Totò Cuffàro fece il suo apprendistato nelle stanze del democristiano più lucido e intelligente dell'epoca, Calogero Mannino. Fu tra i pochi a difenderlo pubblicamente allorché l'ex ministro venne accusato di ogni nefandezza. Un'amicizia cui è rimasto fedele in una navigazione politica zeppa di cambiamenti di rotta: stava nel centro-sinistra con Mastella; è passato con Buttiglione per farsi eleggere dalla Casa delle Libertà, cioè da Berlusconi; prepara la rinascita di una DC d'impronta siciliana. Tuttavia, proprio il percorso di questo quarantenne sveglissimo, accattivante, con la nomea di persona perbene, spiega che cosa voglia dire nascere in Sicilia, vivere in Sicilia, fare politica in Sicilia. A differenza dei suoi predecessori, il gioviale Totò è stato il primo a ricevere un'investitura diretta dagli elettori. Non si è assiso sullo scranno di presidente regionale in seguito ad accordi fra i partiti, bensì per la scelta di una corposa schiera di siciliani, contenti di regalargli uno schiacciante successo. Di tale mandato Cuffàro ha colto l'aspetto più demagogico: « fare ciò che vuole la gente », della quale vanno indovinati i desideri. Non più una politica di programmi, una politica desiderosa del bene comune mediante un giusto dosaggio del dare e dell'avere, ma una politica da Babbo Natale nella speranza che il conto dei regali da elargire alla « gente » (un sostantivo orrendo: cancella la straordinaria diversità di ogni essere umano, presuppone un unico, immenso gregge) venga saldato da qualcun altro, dall'ultimo cui rimarrà il cerino acceso fra le dita.

Siamo, tuttavia, sicuri che quel giorno sarà soltanto uno, magari il futuro presidente della Regione, a saldare il conto e non sarà, viceversa, un'intera generazione? Che cosa deve accadere per comprendere che gli sprechi della Regione, che i costi maggiorati dalla corruzione prima o poi dovremo pagarli?

Nelle forme opime, nel taglio e nel colore dei vestiti, nel rapporto carnale instaurato con i suoi sostenitori (il doppio bacio sulle guance, gli abbracci carichi di corposità, il dare e prendere mani) Cuffàro vuole ricordare il buon vicino, colui che è sempre disponibile a dare una mano. All'apparenza è cambiato soltanto il suo referente: non più gli appetiti famelici delle lobby, dove si concentrano politica e massoneria, ma le basse voglie della « gente ». La « gente », soprattutto quella siciliana, vuole che lo Stato dia tutto e chieda in cambio il meno possibile. La « gente » siciliana ha nei confronti dello Stato lo stesso atteggiamento del bambino nei confronti della madre: pretende che ci sia quando la genitrice deve aiutarlo, sostenerlo, proteggerlo; spera che non ci sia quando egli vuole infilare le dita nel vaso della marmellata. Dietro la « gente », però, manovrano i furbacchioni. Alla « gente » andranno le briciole, la sanatoria edilizia, ai furbacchioni i milioni di euro dei finanziamenti europei. È un gioco di specchi dove il peggio fa da paravento al pessimo. Una mangiatoia dentro la quale annullare ogni differenza e far sbafare l'intera isola: gli Amici, i Bravi Ragazzi, i poveracci, i distinti professionisti. Per poi ammiccare: non vorrete insinuare che sono tutti mafiosi?

Le prime dichiarazioni televisive di Cuffàro appena eletto rimarranno indimenticabili. Nell'italiano stropicciato di noi, che abbiamo dovuto impararlo a guisa di lingua straniera, si è lanciato nella più impensabile delle rivendicazioni: ha parlato di una Sicilia stanca di mendicare, di stare con il cappello in mano; ha rivendicato il diritto di ricevere per meriti superiori. E le elargizioni a fondo perduto dal '46 in avanti? E l'indecoroso sfruttamento della Cassa del Mezzogiorno? E i finanziamenti di gran favore per un'industria che non è mai decollata, a tutto danno di un'agricoltura sempre più abbandonata? E le truffe delle arance? E la sistematica collusione delle strutture regionali con la mafia? E un'assemblea che è arrivata a contare il 90 per cento dei suoi così detti onorevoli indagati? E l'infinocchiatura di un turismo in larga parte sovvenzionato con i fondi pubblici, ma incapace di affermarsi in un territorio che il buon Dio benedisse avendo già in mente il prototipo del villaggio-vacanze? E una sanità che nonostante taluni reparti-piloti obbliga ancora a costosi viaggi della speranza a Milano, Roma, Padova, Genova?

Cuffàro appare il migliore della compagnia, tuttavia il suo disegno politico assomiglia all'intramontabile *panem et circenses*. Nei sessant'anni di Repubblica la «gente», che lui vorrebbe accontentare, ha dimostrato di essere disposta a giustificare ogni arrangiamento, ogni compromesso, ogni spregiudicato scavalcamento della legge nell'illusione di un beneficio personale. Questi siciliani, che continuano a ritenersi i più astuti del Creato, hanno accettato in cambio di poche briciole lo scempio della loro isola: Palermo e Catania violentate da un'edilizia assatanata, la cementizzazione delle coste, la desolazione di campi e agrumeti che nessuno più coltiva, ampi tratti di mare trasformati in fogna. I malloppi, derivati dalla devastazione e dall'irrefrenabile corruzione che l'hanno preceduta e seguita, hanno ingrassato le solite confraternite. Le compone un doppio strato. Nel primo milita una schiera d'irreprensibili figli di Maria, di professionisti d'illustre casato, di parenti dell'onorevole competente, di protetti del vescovo. A compattarli è spesso – o dovremmo dire sempre? – la comune frequentazione di logge scoperte, di logge coperte, di loggette, di orienti grandi e piccoli, di riti scozzesi e di altre obbedienze partorite dalla nostra inesauribile fantasia non tanto a vantaggio del Grande Architetto dell'Universo quanto a vantaggio di tasche private. Nel secondo strato incombono e manovrano i sussiegosi emissari delle «famiglie», a volte il figlio presentabile dell'anziano «don», a volte lo stesso mafioso, se non è costretto alla latitanza e se i suoi avvocati gli hanno fornito concreti argomenti per contrastare i sospetti delle forze dell'ordine e della magistratura.

5. Il rovescio meglio del dritto

L'ABUSIVISMO edilizio ce l'abbiamo nel DNA. Non risponde alla comprensibile esigenza di possedere un tetto: è, invece, la voglia primaria di appropriarsi di ciò che piace, di ritagliarsi una porzione della torta. Si parla di duecentocinquantamila case fuorilegge, quasi tutte seconde case. Dalla Valle dei Templi all'Oasi del Simeto, dal villaggio di Triscina alla collina di Pizzo Sella a Palermo ciò che ha mosso gli abusivi è stato il miraggio dell'affare. I proprietari non appartengono alle classi più disastrate; sì, qualche sottoproletario vi figura, ma sono così pochi che paiono esservi per salvare le apparenze dei molti benestanti, che hanno acquistato i terreni per due lire e vi hanno edificato grandi e confortevoli abitazioni impossibili da reperire altrove, a meno di non spendere una fortuna. In tale frenesia di possesso non siamo neppure sfiorati dall'idea di compromettere il futuro di figli e nipoti, ai quali lasceremo in eredità una Sicilia devastata, ben differente da quella ricevuta dai nostri padri. Alcune centinaia di catanesi hanno soddisfatto l'ambizione della seconda casa nella zona A dell'Oasi del Simeto. Le abitazioni sono sorte contro le severe disposizioni di legge, ma anche contro il buon senso e contro le più elementari norme del buon gusto: lontano dagli aranceti e dai boschetti, è un trionfo di zanzare, di piccole paludi, di caldo afoso. I tanti villaggi dai nomi pomposi, frequentati specialmente d'estate, hanno l'aspetto squallido di una baraccopoli, si respira un'aria da frontiera del West, dove i pionieri piantavano fili e paletti a segnalare la presa di possesso. In uno dei villaggi l'ingresso è sbarrato, un cartello vi avverte che state per inoltrarvi in una proprietà privata.

Ciascuno dei duecentocinquantamila abusivi è pronto a raccontarvi una piccola storia in cui sono stati la necessità e il bisogno a spingerlo, in cui la propria colpa è minima rispetto a quelle gigantesche dello Stato, accusato di ogni nefandezza. Nel peggiore, per lui, dei casi vi dirà che così fan tutti e quindi perché non deve farlo anch'egli? Natura, patrimonio artistico, vestigia del passato rappresentano un ostacolo più che una ricchezza: non sono roba, non possono essere nostri, pretendono cure, rinunce, amore. Nell'Oasi del Simeto si è sbriciolato il castelletto dei duchi di Misterbianco, gli antichi proprietari della plaga. Erano ricchissimi latifondisti, tre quarti della provincia apparteneva a essi. Unico nel suo genere, il castelletto si estendeva in larghezza più che in altezza; era sorto in mezzo a boschi, agrumeti, filari di pioppi e di abeti per assecondare la passione del duca per i cavalli e la caccia. Alla sua morte gli eredi avviarono la lottizzazione agricola della zona, nessuno si prese cura del maniero, magari la speranza inconfessabile era di edificarvi un bel condominio. All'abbandono si aggiunse la furia depredatrice dei molti attratti dalle pareti interne finemente decorate. Le hanno smantellate blocco a blocco, se le sono portate via con la complicità di quanti dovevano vigilare e nell'indifferenza di chi ha assistito e non ha ritenuto di dover muovere un dito. Un cancello chiuso protegge oggi l'avvilente rudere di una strepitosa costruzione, che in qualsiasi altra parte d'Europa sarebbe diventata una splendente attrazione per i turisti.

Fosse dipeso dai nostri avi, i due più rilevanti tesori dell'isola, Taormina e la Valle dei Templi, sarebbero rimasti sepolti nella noncuranza. Taormina fu l'invenzione di una genìa di esteti inglesi e tedeschi con il mito della cultura, della Magna Grecia, dei bei ragazzini dagli occhi scuri e odorosi di mare. La Valle dei Templi non esisterebbe senza un avventuriero britannico, il capitano Hardcastle: s'innamorò dei templi, avviò un lucroso commercio di reperti archeologici, si costruì una magnifica villa fra il tempio della Concordia e quello di Ercole, per il cui restauro arrivò vicino al fallimento. Dalla rocca, sulla quale gli arabi avevano edificato la nuova città, gli agrigentini furono spettatori infastiditi di ciò che della *polis* greca veniva riportato alla luce. Capivano che qualcosa stava per essere sottratto al loro capriccio. Da allora la Valle è stata avvertita più come un problema che come una ricchezza. I divieti hanno pesato più delle enormi potenzialità di guadagno, che per realizzarsi pretenderebbero organizzazione e mentalità a noi estranee.

L'ex sindaco di Agrigento, Sodano, eletto al Senato con il voto determinante dei proprietari di abitazioni irregolari (le richieste di sanatoria sono diecimila, calcolando cinque persone per casa significa il coinvolgimento dell'intera popolazione), da assessore ai lavori pubblici scrisse nel 1982 un libretto (*Agrigento dei Templi e degli Agrigentini*), stampato con i soldi del Comune, nel quale si può leggere: «L'abusivismo edilizio è la risposta fisiologica determinata da un vincolo assurdo e iniquo che ha fatto della Valle dei Templi non più il prezioso tesoro della città degli agrigentini, bensì la piovra che ne ha distrutto l'economia risorgente [...] Quando il gioco normativo è intollerabile esso viene inevitabilmente e violentemente infranto o costantemente violato». Per meglio sentirsi dalla parte di chi soffre, Sodano è entrato a vele spiegate nel novero degli abusivi attraverso il singolare marchingegno di un villone ufficialmente di proprietà della suocera, ma donato alla figlia, cioè sua moglie. Che l'UNESCO abbia definito la Valle un patrimonio dell'Umanità appare una circostanza insignificante. Gli agrigentini preferirebbero che fosse soltanto loro. Chi la pensa in maniera differente è un nemico. Il mite e irriducibile avvocato Arnone ha pagato la sua strenua difesa della Valle e della legalità con sonore scoppole elettorali. Non è riuscito a diventare né sindaco né deputato, in compenso è stato riempito di voti per fungere da unico oppositore della giunta comunale. I quattro quinti dei concittadini lo giudicano un rompiscatole, uno che non ha capito come gira il mondo e con le sue fissazioni da crociato impedisce il sano godimento di un bene ritenuto di esclusiva pertinenza. In caso contrario, il buon Dio avrebbe provveduto diversamente.

All'avvocato Arnone è finita ancora bene: hanno tentato d'intrappolarlo giudiziariamente, hanno messo a punto falsi castelli d'accusa per screditarlo, contro di lui si è formato un fronte comprendente l'attuale maggioranza, gli abusivi, la Chiesa e in un recente passato la procura. Un trasversalismo noto anche ai partiti politici. I protettori degli abusivi solcano schieramenti e ideologie, da Alleanza nazionale a Rifondazione comunista. D'altronde il primo sindaco ad alzare il vessillo del «giusto abusivismo» fu, nella seconda metà degli anni Ottanta, il comunista Monello di Vittoria. E trascorsi da comunista ha un sindaco di Porto Empedocle battutosi per impiantare una centrale termoelettrica a carbone sotto la casa natia di Pirandello. Se il progetto fosse stato approvato, avrebbe significato il transito giornaliero di quaranta TIR nelle asfittiche strade della Valle. Per quanto bocciata, l'idea può riaggallare. In Sicilia abbiamo questo di buono: che del peggio non ci liberiamo mai, al massimo lo accantoniamo.

L'abusivismo è il figlio perfetto dei sacchi edilizi subiti dalle città fra il '55 e il '65. A Palermo bastava una notte per far sparire le stupende ville di Ernesto Basile, il geniale architetto con la fissazione dei fregi massonici. A Catania spuntarono quartieri dormitorio privi di tutto, dove per chi vi nasce e vi cresce gli unici modelli sono i Bravi Ragazzi con il fuoristrada, il cellulare intercontinentale, il conto cifrato in Svizzera. Ad Agrigento, avendo inspiegabilmente concesso una porzione della magnifica villa Garibaldi per la costruzione degli uffici del Genio Civile, la giunta ritenne di dover poi lottizzare l'intero parco nonostante fosse il principale polmone verde della città e nonostante la presenza di un piccolo zoo. Così un luogo pubblico, di cui ogni agrigentino aveva diritto di usufruire, fu impiegato per innalzare palazzi, che vennero abitati da professionisti e da impiegati comunali. Davanti a simili esempi anche la cooperativa dei vigili urbani non volle essere da meno: chiese e ottenne un lotto. Nei pressi del campo sportivo sorse un edificio che era un monumento alle irregolarità: mancavano permessi, era stato invaso altro suolo pubblico, le dimensioni risultavano fuori norma. Gli assessori, i funzionari del Comune sarebbero dovuti intervenire, avrebbero dovuto pronunciare dei no. Ma in Sicilia il potere politico questi no non sa dirli. Teme di pagarne un prezzo in termini elettorali; non ha, soprattutto, la forza di rompere il robusto intreccio di rapporti interpersonali, di favoritismi, che tuttora regolano l'esistenza quotidiana.

L'aggressione alla natura nel nome di mille interessi personali continua a essere la norma di ogni città, di ogni paese. E questa norma che cos'altro è se non il terreno di coltura sul quale prospera la cultura mafiosa dell'« uomo di rispetto », che diventa mediatore degli interessi in lizza, che si erge a giudice-paciere e in questa veste favorisce le mire degli Amici e dei Bravi Ragazzi? Non esiste sanatoria che in Sicilia non sia stata approvata dall'intero arco politico. Il tornaconto di chi ha violato la legge assurge a utilità generale e forse l'aggettivo non è così fuori posto se guardiamo ogni volta al numero di persone coinvolte. Davanti a una simile, abnorme utilità generale vengono a cadere anche le differenze più marcate, come potevano essere un tempo quelle fra i nipotini del fascismo e i nipotini del comunismo. Succedeva ieri, succede oggi. Ogni siciliano ha imparato che qualsiasi legge, qualsiasi vincolo esiste per essere aggirato o cancellato. Ad Agrigento hanno ripreso a costruire dove nel '66 franarono i palazzi. Il Comune è intervenuto per bloccare i lavori, ma poi nel rispondere alla citazione dei costruttori davanti al TAR capita che le motivazioni non siano pertinenti. Di conseguenza il TAR ordina la ripresa dei lavori e al Comune allargano sconsolati le braccia: loro si sono comportati secondo coscienza e dovere, che possono farci se i giudici del tribunale amministrativo regionale hanno disposto diversamente?

Succederà un nuovo disastro? La responsabilità sarà addossata allo Stato, al Padreterno, al Diavolo. Possediamo l'atavica e straordinaria abilità di ritenerci sempre mondi da qualsiasi colpa. Ci siamo ormai così calati nel ruolo delle vittime da esser certi che, se non siamo innocenti, siamo di sicuro meno colpevoli degli altri. E purtroppo c'è della sincerità in questo atteggiamento. Eccovi lo sfogo di un abusivo raccolto nel luglio del 2001 durante un'inchiesta per l'*Espresso*. «Chiunque in Italia ha costruito la casa delle vacanze dove meglio gli aggradava e io non posso fare lo stesso? Il mio amico, il mio vicino, il mio collega d'ufficio ha ereditato dal padre una casetta rustica che ora vale un miliardo, e io non devo averne una accanto alla sua sol perché hanno scoperto quattro cianfrusaglie preistoriche? Che colpa ne ho, se qui c'è un tempio, lì un mosaico, là una riserva naturale, qua un parco marino? Che c'entro io con l'antichità e con la natura? Siete sicuri che è proprio la mia casetta a rovinare l'ambiente o il panorama? Se ero fuorilegge perché non mi hanno bloccato?»

Ma come potevano bloccarlo se funzionari dello Stato e della Regione, direttori di banca e onorevoli sono in attesa di una sanatoria? Chi poteva intervenire nella Valle dei Templi se due comandanti dei vigili urbani di Agrigento risultano coinvolti in vicende d'abusivismo?

È da questa cultura del rovescio che è germinata la società del disonore.

Con il beneplacito degli uffici tecnici si è spesso costruito dove non si doveva. Fungaie di dimore a più piani sono sorte in zone di verde agricolo poi abilitate da specifiche sanatorie. Nei paesini attorno all'Etna le licenze edilizie sono state concesse e negate secondo il peso dei richiedenti. Sindaci solerti hanno protetto con improvvisi divieti la panoramica sul vulcano del mastodontico chalet intestato all'onnipotente di turno. Naxos e Taormina hanno subìto assalti e sconcezze: gli alberghi sono stati edificati con la benedizione del piano regolatore, ma il panorama ne è stato sconvolto. La collina di Acicastello, di fronte ai Faraglioni, è stata sommersa da ville e palazzi. Coloro che hanno accordato le licenze non si sono chiesti quali fossero i limiti di sopportazione di questa piccola fetta d'incanto. Quanti vi hanno infilato colate di cemento armato e muri perimetrali erano dominati dalla brama del guadagno e dall'affermazione del proprio diritto a partecipare all'assalto già avviato da qualcun altro. C'è da stupirsi se la natura decide di vendicarsi da sola di tante angherie? La collina presenta segni di cedimenti e non sanno come arginarli. I sindaci progressisti delle Eolie hanno applicato con la morte nel cuore – dietro la minaccia di pesanti denunce – il piano delle riserve naturali. Ad Agrigento sulla rupe Atenea, in spregio a ogni vincolo ambientalista, in quello che avrebbe dovuto essere uno sfavillante parco naturale, è nato un condominio di soliti noti. Per fargli largo sono stati cancellati un boschetto e una scuola. Tutto in regola, ma i settecento abusivi della zona A, coloro la cui abitazione dovrebbe teoricamente essere abbattuta, vi conducono in pellegrinaggio il forestiero per dimostrare che in fondo essi sono meno fuorilegge, apportano minor danno dei « signuruni » protetti da licenze e favoritismi.

Ha la levigata definizione di « piano di riordino delle coste » il progetto benedetto da Cuffàro per mantenere le promesse elettorali alla « gente » che l'ha votato. In esso non rientrano soltanto i pochissimi che hanno edificato sul terreno del demanio, tutti gli altri confidano in una degna accoglienza. Sperano di essere trattati da novelli figlioli prodighi, di mangiare il vitello grasso: nella fattispecie la rete idrico-fognaria. Chi la pagherà? In teoria gli stessi abusivi.

Ma in Sicilia la teoria non combacia mai con la pratica. Di sicuro coloro che con occhio lungo avevano scelto il proprio posto al sole, incuranti dei veti e delle pene minacciati dalla legge, hanno fatto bingo. Nei non brevi anni dell'incertezza normativa sono stati abbattuti soltanto ruderi, catapecchie. Le pochissime abitazioni finite nel mirino della legge al momento della condanna erano scheletri, ultimati poi velocemente dai proprietari nella speranza di farla franca con la consueta invocazione del diritto alla casa. Una volta di più l'abuso, la spregiudicatezza, la ribalderia verranno premiati sulla pelle della comunità. Volente o nolente, la Regione rischia di offrire una giustificazione (« perché loro sì e noi no? ») e una spinta (« poi avremo la sanatoria ») agli abusivi di domani. Nella Valle dei Templi e nell'Oasi del Simeto sono stati finora fermati dal timore di non spuntarla. Ma con l'ormai scontata modifica della planimetria dell'Oasi, che mette in discussione la zona A (divieto di costruzione e obbligo di abbattimento), e con la creazione dell'Ente parco archeologico, che dovrebbe cancellare l'incubo delle ruspe nella Valle, chi impedirà futuri insediamenti urbanistici?

Forse le garanzie più solide provengono dai vecchi abusivi. Per salvaguardare il cospicuo valore raggiunto dagli immobili promettono di ergersi a severi difensori del nuovo ordine. Siamo sempre a un diritto speciale, a un dovere accettato in quanto collima con la protezione del bottino.

6. La culla degli « sperti »

L'AGGETTIVO dialettale « spertu » deriva da « esperto », però significa furbo, astuto, capace di trarre il meglio da ogni situazione. L'esperienza tradotta nell'abilità d'ingannare il prossimo, ma il prossimo è un'entità astratta, come lo Stato che è un insieme di prossimi. Ecco perché non esistono né il prossimo né lo Stato. Sciascia ha scritto che per un siciliano esiste soltanto la famiglia, un vincolo di sangue che spesso si tramuta in familismo. Al di fuori di essa ognuno è un potenziale nemico. Per sconfiggerlo servono gli « sperti », meglio ancora se « sperti e malandrini ». A differenza del resto d'Italia, il « malandrino » non è chi agisce al di fuori della legge, ma chi trae un profitto senza che la legge intervenga. Se poi lo « spertu e malandrinu » è di stoffa buona gli riuscirà di ricoprire un ruolo pubblico. Di essere cioè per metà il rappresentante della comunità e per metà il rappresentante di se stesso. E più il rappresentante di se stesso s'imporrà al rappresentante della comunità, più la comunità lo apprezzerà riconoscendo in lui il vero uomo che non sottostà alle leggi, ma anzi le usa per tenere gli altri sotto scopa. Sono innumerevoli i consiglieri comunali, i sindaci, gli assessori arrestati per una serie infinita di reati, alcuni dei quali sconfinanti nell'associazione mafiosa. Se volessimo dare credito ai verbali di alcuni collaboratori di giustizia e agli atti di alcuni sostituti procuratori della Repubblica, diversi eletti all'assemblea regionale e al Parlamento nazionale continuano a conservare questa duplicità derivante dalla nostra propensione a mescolare le carte. La gallina siciliana ha covato e cova l'uovo mafioso.

Sui giornali siciliani negli annunci delle nascite succede di leggere l'augurio che il neonato sia « spertu e malandrinu ». E la neonata? Siamo sicuri che vorrà diventare l'ennesimo angelo del focolare domestico? La donna siciliana trasuda sesso. Un sesso complicato, selvaggio, mascherato, cosparso di afrori più che di profumi, un sesso tutto di testa, al quale la ridotta immaginazione degli uomini non riesce a stare dietro. I nostri presunti bollori sono la diretta conseguenza di questo eterno inseguimento. Siamo talmente stupidi da non domandarci mai chi siano le strombazzate conquiste di cui ciascuno s'insignisce. Se escludiamo le madri, le sorelle, le mogli, restano soltanto le capre e le pecore. Quindi, delle due l'una: o siamo incalliti mentitori o le nostre madri, le nostre mogli, le nostre sorelle non sono quelle frigide sante che immaginiamo. L'esistenza quotidiana della Sicilia è attraversata da questo pensiero fisso e da questa pratica: hanno prodotto sollazzo e qualche guasto. Nei periodi di maggiore difficoltà i poveri uomini siciliani hanno immaginato che l'onore dei maschi consistesse nella virtù delle femmine. Di tali onore e virtù l'ufficio marketing della mafia s'è impossessato per farne un segno distintivo dell'organizzazione: mariti e mogli monogami allo stesso modo. Niente di più falso: i fatti e i fattacci degli Amici e dei Bravi Ragazzi sono attraversati, condizionati, suggeriti dal richiamo sessuale. La vicenda di Cosa Nostra è strettamente connessa alle passioni extraconiugali, alle corna, alle relazioni proibite. E le donne non sono un passivo oggetto del desiderio, bensì il motore delle alleanze e dei conflitti, degli odi e delle simpatie.

La cronaca racconta che le donne all'occorrenza sanno essere « sperte e malandrine ». Sono decine quelle accusate di aver assunto dentro le cosche il ruolo dei mariti, dei padri, dei fratelli, a volte persino dei figli finiti in galera. Non sono donne di mafia, sono donne cresciute nel culto della roba, della forza che serve prima per accumularla e dopo per difenderla. Come tutte le donne siciliane, sono sinceramente convinte che figli e parenti rappresentano la virtù, che ogni loro comportamento è frutto della necessità, che in ogni caso non vanno giudicati. Queste donne non segnalano un'evoluzione del costume, bensì la sua manifestazione più moderna. Non è mai esistita la donna siciliana sottomessa, angelo del focolare, completamente ignara dei fatti e misfatti dei propri congiunti. La grande madre raccontata da Puzo e da Coppola nel *Padrino*, che si occupa del ragù, dell'educazione dei figli e dei nipoti, che osserva precetti e sacramenti, è, per l'appunto, un'invenzione letteraria e cinematografica. Anche quando vestivano di nero, tenevano gli occhi bassi e stavano composte, le donne siciliane sapevano e spingevano i loro uomini. E in chiesa pregavano e chiedevano l'assistenza del dio della vendetta e della camarilla, con il quale si è da sempre instaurato un rapporto molto più pagano che religioso. Oggi come ieri gli si dedica il rosario, il fioretto, gli si fa un'offerta generosa sperando di ottenerne un aiuto pratico nel disbrigo degli affari correnti.

Serafina Battaglia fu considerata la prima donna che ruppe il muro dell'omertà avendo denunciato gli assassini del figlio. Siamo nel 1960 ad Alcamo, roccaforte di Cosa Nostra. Il marito di Serafina è Stefano Leale, uno dei bracci sinistri di Vincenzo Rimi, esponente di una dinastia mafiosa imperante nella zona sin dal XIX secolo. Per motivi economici legati a compravendite di terreni e alla divisione degli utili del contrabbando, Leale perde la fiducia di Rimi. Capisce di essere legato a un filo, corre a Palermo da colui che è considerato il numero uno della mafia, Salvatore Greco detto « cicchiteddu » per il fisico minuto, un personaggio di tale spessore da non aver mai trascorso un minuto dentro un commissariato di polizia. Leale domanda protezione, Greco all'apparenza la concede, in realtà dà via libera a Rimi. Leale viene assassinato. Tranne magistratura e forze dell'ordine, ad Alcamo tutti sanno chi ha ordinato e chi ha eseguito il delitto. Lo sa anche la Battaglia, che del marito era la confidente e l'ispiratrice. La donna, però, non è neppure sfiorata dal pensiero di denunciare gli assassini del marito. Non vuole una giustizia legale, insegue la giustizia dell'occhio per occhio, dente per dente. Ha un figlio, Toti, il cui padre naturale è sconosciuto e che era stato adottato da Stefano Leale. Con la sua morte Toti ha ereditato soldi, campi, fabbricati. Vorrebbe goderseli, ma la madre lo tampina giorno e notte, gli ripete che deve vendicare il padre, che deve dimostrarsi un vero uomo. Toti un po' resiste, poi cede: organizza un agguato. Rimi però la scampa e si vendica. Fa uccidere il giovane Leale. A quel punto Serafina Battaglia, senza uomini, senza picciotti da poter scatenare, si presenta dai poliziotti, racconta ciò che sa, fa nomi e cognomi. È il 1968. Nel calderone ribollente di un'Italia ansiosa di radicali cambiamenti s'incastona bene quella donnina interamente vestita di nero, compreso il fazzoletto sui capelli, che da un'aula di giustizia all'altra inchioda quanti le hanno sterminato la famiglia.

Due Rimi sono condannati all'ergastolo. La Battaglia ottiene quella giustizia legale spregiata finché ha sperato di poter ottenere una giustizia da Antico Testamento. Più o meno lo stesso percorso seguito quindici anni dopo da Buscetta: pure lui usa i verbali delle sue rivelazioni a pillole per affondare i nemici sfuggiti alla vendetta. Né la Battaglia né Buscetta hanno rotto il muro dell'omertà. Non c'è collaboratore di giustizia che non abbia parlato se non dopo esser caduto nelle mani della legge. Prima non ci pensano proprio a collaborare, ancor meno a pentirsi. Decine di migliaia di siciliani hanno partecipato ai cortei contro la mafia, hanno urlato la propria disponibilità a combatterla, eppure l'unico testimone oculare di un omicidio che non si sia rifugiato nell'omertà è stato un imprenditore bergamasco, Pietro Nava, implacabile accusatore del commando che giustiziò il magistrato Rosario Livatino. Nava ne ha avuto l'esistenza stravolta. I siciliani si sono rafforzati nel convincimento che non ci si può fidare di qualcosa che non esiste, lo Stato. Per noi esiste soltanto ciò che può essere nostro. L'Italia non può essere nostra, la Sicilia sì: di conseguenza a scadenze più o meno fisse rispunta fuori la proposta di separarla dalla penisola. Si trascorrono serate ipotizzando quale sarebbe stato l'ordinamento del Mediterraneo meridionale senza Garibaldi e senza la protezione della massoneria inglese alla spedizione dei Mille. Si delinea una Sicilia-nazione la cui principale attrattiva consisterebbe nella possibilità del Palermo, del Catania, del Messina di partecipare alla Champion's League di calcio. Lo sguardo di questi nostalgici corre verso il basso: Malta e la Libia vengono sognate quale aggregazione dell'isola. Perché proprio Malta e la Libia? Perché entrambe hanno rapporti strettissimi con la massoneria (mai smentita l'iscrizione di Gheddafi a una loggia londinese), perché una ha i casinò e l'altra il petrolio: le passioni antiche e moderne degli Amici, la via più facile per un business internazionale tutto incassi e niente rischi.

Dal 19 febbraio 1963 al 18 gennaio 1965 Taormina ha ospitato l'unico casinò privato d'Italia. Il proprietario era Domenico Guarnaschelli, don Mimì, un palermitano che chiamavano a volte avvocato a volte commendatore, di cui dicevano che avesse nobili natali. Guarnaschelli era del 1907 e a trent'anni gestiva il casinò di Tripoli. Una stagione dorata, di gran frequentazioni, una clientela internazionale, ricca, gaudente. Guarnaschelli raccontava che Balbo e gli altri gerarchi fascisti frequentavano poco le sale da gioco perché si sentivano in imbarazzo, erano rimasti i provincialotti della marcia su Roma. Ciò che Guarnaschelli non raccontava erano i motivi che l'avevano spinto a Tripoli, in che maniera si era introdotto nel casinò, chi c'era dietro di lui, di chi erano i capitali, a chi andavano i cospicui guadagni. Ogni sera le roulette, i tavoli di baccarat, di chemin de fer, di black jack, di trente et quarante fruttavano milioni e milioni dell'epoca. Una quota consistente di quei soldi rimase nelle tasche di Guarnaschelli, rientrato in Italia dopo la guerra. Don Mimì sostenne di essere un profugo e si appellò alla legge che consentiva ai profughi di esercitare in patria l'attività svolta all'estero anche in deroga al codice.

Don Mimì chiedeva di aprire un casinò a Taormina, ma l'articolo del codice penale sul gioco d'azzardo stabilisce che le case da gioco devono essere gestite dai Comuni su concessione del ministero dell'Interno. Un patente contrasto in cui nel '49 aveva già provato a infilarsi la Regione Sicilia con un apposito decreto dell'assessore al turismo. La corte costituzionale aveva sentenziato che non si poteva legiferare in opposizione al codice. C'era però riuscita un'altra regione a statuto speciale, la Valle d'Aosta, per mettere in funzione il casinò di Saint-Vincent. Una di quelle situazioni nelle quali i siciliani si sentono perseguitati, piangono sul proprio destino di figliastri e guardano con più simpatia del solito agli «sperti e malandrini». Uno stato d'animo condiviso dalla Regione, finita nel 1958 in mano a un'eterogenea compagnia di democristiani, comunisti, fascisti. Agitavano l'abituale bandiera della sicilianità offesa dalla DC, accusata di trattare l'isola a guisa di colonia. Molti di quella composita maggioranza non si accorsero che il loro governo rispondeva alle attese e alle esigenze della congrega mafioso-massonico-imprenditoriale pronta ad allungare le mani su tutto il territorio. Probabilmente non se ne accorse neppure il leader, Silvio Milazzo. Da ex indipendentista, assaporava una gestione quasi privatistica della Sicilia con il pieno uso delle competenze previste dallo statuto. Fra queste rientrava la guida della polizia: gli serviva per autorizzare l'apertura del casinò. L'assessore al Turismo provvide a reiterare il decreto del 1949. Nel gennaio 1960 Milazzo spiegò al sindaco di Taormina che per incrementare il turismo servivano «a faretta» (la sottoveste delle donne) e «a badduzza» (la pallina della roulette). Anche Cuffàro ha annunciato di voler istituire e mettere alle proprie dipendenze la polizia regionale e di esser pronto ad affrontare la questione casinò se Roma non approverà la legge che ne consente uno per regione. Che il tutto possa tramutarsi in un grazioso regalo agli Amici e ai Bravi Ragazzi non interessa, come non interessò quarant'anni addietro.

La repentina caduta di Milazzo e il ritorno di un governo ortodosso accantonarono nel '60 i bellicosi propositi sul casinò. Lucky Luciano smise di frequentare Taormina. Colui che *Time* definirà il più grande fuorilegge del XX secolo aveva sperato che in Sicilia si potesse ripetere quanto accaduto nella Cuba di Batista con gli Amici italo-americani padroni del gioco d'azzardo. A non darsi per vinto fu Guarnaschelli. Affittata villa Mon Repos da un vecchio sodale con cui aveva lavorato in Libia, don Mimì inaugurò la sua casa da gioco il 19 febbraio '63. Era eccessivo definirlo casinò, giacché la costruzione era angusta e al piano terra avevano installato il ristorante. Rimanevano i due saloni del piano superiore: il primo ospitava il tavolo della roulette, il secondo quello dello chemin de fer. Tutto qui, con una capienza contingentata e giocatori spesso in attesa nel lussureggiante parco della villa, dove un'orchestra suonava fino all'alba. Il colpo di mano di Guarnaschelli provocò reazioni furibonde. Scelba, ministro dell'Interno, e Ruffini, cardinale di Palermo e capofila dell'agguerrito fronte clericale, si opposero in modo plateale. Scelba temeva l'immediato propagarsi della mafia nella Sicilia orientale, che nei giudizi generali ne era scevra; Ruffini vedeva nell'azzardo e nel suo contorno il trionfo del diavolo.

Lo Stato si mosse, ma Guarnaschelli era un avversario rognoso. Il pretore di Taormina ordinò il sequestro di villa Mon Repos, tuttavia, in attesa che l'iter giudiziario si compisse, ne affidò la custodia allo stesso Guarnaschelli. Per la gioia di don Mimì e dei suoi tifosi, la pallina continuava a girare, le carte continuavano a essere smazzate, i soldi continuavano a piovere. Mon Repos e Taormina vissero stagioni d'irripetibile splendore. Le foto in bianco e nero mostrano Liz Taylor e Richard Burton, la coppia del peccato, in fuga romantica durante le pause di *Cleopatra*; Marlene

Dietrich in piena estate con guanti, sigaretta, cappellino; Vittorio De Sica e Shirley MacLaine, Gregory Peck e Domenico Modugno, Juliette Gréco e Charles Aznavour, Mina e Gilbert Bécaud. Uno dei frequentatori più assidui era un critico cinematografico statunitense, ospite fisso del festival, Mike Stern. Nel 1947 aveva realizzato per il settimanale *True*, allora vendutissimo, l'intervista che trasformò Giuliano in un personaggio internazionale. Stern aveva vissuto diversi giorni con lui, gli aveva scattato decine di foto, che apparvero sulla stampa di ogni continente. Sono le stesse ancora oggi pubblicate: Giuliano con il binocolo, Giuliano con la coppola e la pistola, Giuliano con la lupara, Giuliano con l'impermeabile bianco. Stern era stato membro dell'OSS (il papà della CIA) e probabilmente all'epoca dell'incontro continuava a lavorare per il servizio segreto statunitense. L'intervista fece diventare anche lui un personaggio. Di quegli anni avventurosi gli era rimasta la predilezione per la Sicilia: l'appagava con lunghe permanenze a Taormina, ospite di lusso nei migliori alberghi e nei ristoranti più rinomati. Quando compì sessant'anni gli organizzarono una festa con centinaia d'invitati. Accompagnata da papà e mamma, partecipò anche una prosperosa ragazza, che da lì a qualche anno avrebbe raffigurato il sogno erotico di tantissimi italiani: Edwige Fenech.

Attorno a Guarnaschelli fiorivano progetti d'ogni tipo. Lui sembrava inaffondabile. La procura della Repubblica di Messina impugnò la decisione del pretore, però non richiese l'intervento della forza pubblica per mettere i sigilli alla struttura. Un uso accorto della legge, in modo che ogni formalità fosse adempiuta e nessuno potesse essere imputato di negligenza, e una vasta rete di favoritismi lasciarono don Mimì padrone incontrastato della situazione e degli incassi. Sui quali furono pagati duecentocinquanta milioni di tasse il primo anno e duecentocinquanta milioni il secondo. Il fisco li incamerò e li registrò fra le entrate della Finanziaria, dando quindi un riconoscimento ufficiale al casinò e al suo gestore. Guarnaschelli tacitò anche le richieste di Taormina e dei comuni vicini con un assegno da 70 milioni: doveva essere il primo di una lunga serie. Oltre ai soldi veniva garantita la sponsorizzazione di un nutrito elenco di manifestazioni. Erano cifre cospicue: nel '63 lo stipendio di un impiegato statale si aggirava sulle 110 mila lire al mese.

Nell'aprile 1964 a L'Aquila fu finalmente tenuto il processo. Il tribunale riconobbe le ragioni del profugo Guarnaschelli e sostenne che anche il governo le aveva riconosciute con l'incasso delle tasse. Una vittoria effimera e di breve durata. S'impose la ragion di Stato con un cavillo tale che persino la Sicilia, patria del rovescio, ebbe da imparare. La procura abruzzese fece ricorso in cassazione. I sommi giudici annullarono la sentenza perché nella motivazione la corte aquilana, con il riferimento al fisco, era andata oltre i termini della vicenda stabiliti dal pretore di Taormina, che non si era occupato delle tasse versate, ma soltanto se Guarnaschelli, in quanto profugo, avesse o no diritto a possedere un casinò. Le carte tornarono alla procura di Messina, ma questa non poteva entrare nel merito di una decisione spettante al pretore. Con la scusa che nessuno riteneva di avere i titoli per decidere, nessuno si assumeva la responsabilità di una decisione. Don Mimì arguì che fosse la sua salvezza: il provvisorio che diventa immutabile, lui eterno custode giudiziario di se stesso. Non fu così. La procura messinese scoprì che Guarnaschelli nella veste, per l'appunto, di custode giudiziario aveva tardato il deposito di alcune somme. Scattò l'accusa di peculato. Il 18 gennaio 1965 furono apposti i sigilli a Mon Repos. Guarnaschelli avviò una battaglia legale esauritasi soltanto con la sua morte (1999).

Da oltre trentacinque anni i siciliani spasimano per la riapertura del casinò di Taormina. Nell'attesa si sono industriati. Cominciarono da subito a frequentare i casinò dell'Istria e della Dalmazia. Il regime di Tito offriva viaggio in aereo e soggiorno in albergo, gli ospiti dovevano soltanto giocare e perdere. Mai incontrato, però, un siciliano che non sapesse tenere le carte in mano: per anni un signore calvo e barbuto si è autoinsignito della qualifica di Robin Hood dei casinò («Loro truffano la gente e io li frego»), si è vantato di guadagnare mezzo miliardo a notte pur dovendo cambiare identità, e certe sere sesso, per aggirare il divieto d'ingresso nelle più famose sale da gioco. Attorno «al baro più baro del mondo» si muoveva una squadra di aiutanti, incaricati di «fare ammuina» per consentire al maestro di piazzare la stangata.

Per gli abitanti dell'isola le carte e l'azzardo rappresentano l'esemplificazione del destino, la filosofia tramutata in pratica quotidiana, il trionfo dell'abilità sulla sfortuna, la razionalità di ammettere che si perde per un errore, che la malasorte non esiste, che ciascuno ottiene il risultato che si merita, che Dio non si diverte a tirare i dadi. I dadi viceversa si divertivano a tirarli alcuni «sperti e malandrini», che proposero agli Amici di sfruttare un passatempo così diffuso. La gallina siciliana aveva covato un altro uovo mafioso. I Bravi Ragazzi misero sotto tutela per diversi anni il casinò di Campione e il Palais de la Méditerranée a Nizza, si avvicinarono a quello di Sanremo, ne occuparono un paio a Saint Maarten, nelle Antille olandesi. Avvennero contatti con gli emissari di Gheddafi: don Mimì aveva spiegato che Tripoli e Bengasi erano perfette per far girare « a badduzza », ma qualcosa non funzionò. Più che la proibizione del Corano, la mancanza di feeling. Questione di pelle. Forse per questo motivo il colonnello libico da decenni alterna l'annuncio che ci compra alla minaccia d'invaderci: arrivò a lanciare una specie di missile fino a Lampedusa. Un affronto che non gli abbiamo perdonato: « A mia? » continua a rimuginare ogni siciliano suscettibile, cioè tutti. Una battuta resiste inossidabile nei salotti: se l'Italia non avesse sottratto la Sicilia agli immancabili destini di dominatrice del *mare nostrum*, Gheddafi sarebbe rimasto un cammelliere fra i tanti. Già Byron aveva esclamato: « Quell'isola dell'Africa che gli italiani chiamano Sicilia ». Ah, i bei tempi in cui i siciliani finivano a comandare le flotte corsare del sultano...

Il passato naturalmente non ritorna, ma nelle scuole vengono istituiti, su iniziativa della Regione, corsi di lingua araba. Ci ricordano quel dirigente nazionale del PCI che all'inizio degli anni Cinquanta invitava gli iscritti a studiare il russo, la lingua del futuro, inutile perdere tempo con l'inglese.

L'unico Gheddafi che piaceva era quello che rimpinzava di quattrini un'associazione dell'amicizia siculo-libica, zeppa di massoni e presieduta da un rotondissimo avvocato con la faccia e le mani perennemente sudaticce. Durante la crisi energetica venne fuori da questo pensatoio la proposta di avviare uno scambio commerciale con Tripoli: un chilo di arance in cambio di un litro di petrolio. L'avvocato assicurò che sua eccellenza Gheddafi aveva detto che se ne poteva parlare. Ovviamente non se ne parlò. Si parlò invece dell'associazione per una singolare vicenda. Prima delle elezioni presidenziali negli Stati Uniti del novembre '80, il fratello sprovveduto del presidente democratico Carter ricevette un invito dalla Libia. Dietro c'era lo zampino dei repubblicani e dei settori della CIA impegnati a favorire i repubblicani. L'ultima tappa prima di volare a Tripoli fu Catania, con un degno comitato di ricevimento. Il fratello sprovveduto andò in Libia, trattò affari senza prospettive, accettò di farsi immortalare con i dignitari di Gheddafi. Quelle foto, pubblicate da quotidiani e periodici, contribuirono alla vittoria di Reagan.

Una vicenda talmente folcloristica e surreale da sembrare inverosimile se non fosse che la Sicilia ci ha abituato ai paradossi più stridenti. Nei secoli della più bieca intolleranza religiosa cattolici, ebrei e musulmani convivevano armoniosamente nell'isola. È successo sotto il dominio arabo, è successo con l'avvento degli Altavilla, è successo con Federico II. Essendo quella la nostra epoca migliore, con una qualità mai più raggiunta, fu anche l'epoca dei sogni. In seguito sarebbero venute le epoche degli incubi: l'alleanza di fine Settecento tra clero e nobiltà per bloccare sullo Stretto le ventate di novità della rivoluzione francese; l'alleanza dei governanti di Torino con i «galantuomini», gli esponenti, cioè, della sopraffazione mafiosa; il carro armato statunitense che, in mancanza di taxi, andò a prelevare Calogero Vizzini dopo lo sbarco alleato del '43; il riuscito accreditamento di mafiosi e massoni quali sicuri antifascisti a causa dell'emarginazione subita durante il regime; il golpe in punta di piedi di Milazzo; la richiesta di Leoluca

Bagarella e di Matteo Messina Denaro a Saro Naomi, nell'estate del '93, se gli Stati Uniti erano interessati ad avere la Sicilia quale cinquantunesima stelletta sulla bandiera. Naomi, un palermitano divenuto boss influente delle «famiglie» americane, rispose con una risata. Ma Bagarella e Messina Denaro erano stati serissimi nella domanda. Per loro, per la Sicilia che rappresentano, una cui larga parte giurerebbe sulla testa dei figli di non avere alcunché da spartire con la mafia, la separazione dall'Italia è la base di un futuro rilucente.

Ma la Sicilia è ancora Italia? È ancora Europa? I ragazzi dei corsi di formazione lavoro costretti a firmare ricevute di stipendi dei quali incassano sì e no un terzo, i giovani medici costretti a cercarsi un protettore per essere ammessi fra gli aspiranti all'assunzione nelle ASL, i professori alle prime armi che insegnano negli istituti privati in cambio del semplice punteggio per le graduatorie, coloro che non superano un concorso regionale perché estranei al sistema di cooptazione, coloro che beneficiano di un posto pubblico ottenuto con l'immancabile raccomandazione in spregio alle più elementari norme della meritocrazia: tutti costoro sono cittadini di uno Stato o sudditi di un Potere oscuro e dispotico? Interessa ai siciliani liberarsi dai lacci che li soffocano oppure si sono talmente assuefatti da ritenere impossibile ogni altro scenario? Preferiamo che le carte siano sempre truccate nella speranza che un giorno saranno truccate a nostro favore o ambiamo almeno a un'alternanza: una partita pulita e una segnata, una partita pulita e una segnata...?

Agli Amici, ai Bravi Ragazzi, agli «sperti e malandrini», a quanti vogliono allevare uomini in ginocchio conviene che i giovani siciliani persistano con il mito del posto fisso, dello stipendio assicurato il 27 di ogni mese. Un tempo eravamo disponibili a cercarlo al di qua e al di là delle Alpi, ora le nuove generazioni lo pretendono sotto casa assieme alla brioche e alla granita con panna. Lo considerano un diritto inalienabile. In linea astratta hanno magari ragione, ma nel mondo che s'annuncia rischiano di restare perennemente esclusi. Sono ancora condizionati dal pezzo di carta, dalla mania dei concorsi, che spesso costituiscono un modo inconscio di prolungare la giovinezza, di rinviare il confronto con la vita. Così si consegnano mani e piedi legati ai dispensatori di posti, diventano succubi di chi elargisce vaghe promesse, ma, intanto, chiede in anticipo concreti favori. Nel Triveneto si lamentano che molti ragazzi preferiscano il lavoro alla scuola, convinti che prima cominciano, prima riusciranno a mettersi in proprio. Un simile fenomeno in Sicilia rappresenterebbe la più clamorosa rivoluzione culturale e sociale, significherebbe tagliare l'erba sotto i piedi agli Amici, ai Bravi Ragazzi, agli « sperti e malandrini », a quanti vogliono allevare uomini in ginocchio.

C'è una disoccupazione ufficiale e c'è una disoccupazione reale. La prima è tanto smisurata quanto falsa, la seconda è tanto ridotta quanto preoccupante. Ragazzi con il diploma, con la laurea in perenne attesa del posto fisso, del concorso da vincere, dell'Amico o del politico che favorisca l'assunzione si prestano a ogni tipo d'incombenza. Lavoro nero, lavoro sommerso, lavoro precario dal quale piove un reddito eguale a quello tassato dal fisco. Ma questo lavoro non rende liberi, non è quello garantito dalla costituzione. Questo è un lavoro che rende schiavi, che affligge e umilia, che dura anni e può non esaurirsi mai, che abitua a considerarsi sudditi del Potere oscuro e dispotico, non cittadini di uno Stato.

Gela aveva acque in cui si rifletteva il colore dei boschi, una spiaggia bianchissima con casupole di pescatori: Eschilo l'aveva scelta per rappresentarvi le proprie tragedie e chiudervi gli occhi; erano rimaste tracce della civiltà greca, scavi archeologici che attraevano gli appassionati come il re di Svezia, Gustavo. La rovina di Gela fu la scoperta da parte dei tecnici dell'ENI del petrolio poco lontano dalla costa. Nel 1960, in un celebre discorso dal balcone del municipio, Enrico Mattei promise benessere e felicità a ciascuno degli abitanti. Sorse il Petrolchimico, sorsero una miriade di costruzioni abusive prive di fognature, di allacciamenti idrici, di luce, di strutture sociali. L'ombra di Cosa Nostra si allungò sul paese, sul litorale, sul mare. Dilagarono l'ignoranza, la miseria, la mortalità infantile, l'eroina, gli appalti truccati, la corruzione, i sistemi di sicurezza, i vigilantes, la disoccupazione. Come succede da mille anni in Sicilia, la malavita offrì le uniche opportunità d'ingaggio. Gela divenne un paese in ostaggio, fu sconvolta da una violenza quotidiana e da stragi periodiche, i cui autori erano spesso minorenni. Le stragi sono cessate, tutto il resto continua: periodicamente un paio di cadaveri sui marciapiedi ricordano chi comanda. Il Petrolchimico è sotto accusa per i veleni sparsi nell'ambiente e se ne minaccia la chiusura. La disoccupazione ufficiale riguarda un quarto degli ottantamila abitanti, però Gela è ai primi posti nella vendita dei telefonini cellulari , delle moto, degli scooter. Il proprietario di una pizzeria e il proprietario di un ristorante hanno fatto annunci sulla televisione locale per cercare un aiuto di cucina e un cameriere: offrivano paga sindacale e diverse ore di straordinario. Nessuno si è presentato. L'Eterno Paradosso Siciliano fa sì che a Gela operi un insolito collezionista di posti: un avvocato, che è stato impiegato di banca, professore, sindaco. Durante gli otto anni del mandato ha trovato il tempo di studiare e vincere due concorsi: uno quale direttore dell'ASI, l'altro per l'ufficio legale del Comune.

7. Il sospetto anticamera della verità

PRESI uno a uno, lontani dalla Sicilia, dagli Amici, dai Bravi Ragazzi, siamo capaci di volgere al meglio le energie che ci ribollono dentro. Ma basta ritrovarsi in due per essere guardati come un clan, in tre siamo considerati una cosca. Un giudizio esagerato – in trent'anni di Milano è capitato d'incrociare clan regionali altrettanto solidi senza che fossero, però, giudicati un pericolo –, al quale abbiamo contribuito con i nostri atteggiamenti ora diffidenti ora spocchiosi. Soprattutto l'atteggiamento di quanti domandano comprensione, aiuto, conforto, complicità nel nome della comune origine siciliana. Coltiviamo fra noi odi fraterni, tuttavia quando le auto avevano una targa riconoscibile, incrociandosene in qualsiasi autostrada due con la sigla PA o CT o ME, era uno scambiarsi gioioso di colpi di clacson.

Pasquale Pistorio è l'autore del fenomeno St Microelectronics, Mario Mazzola è il direttore sviluppo della CISCO, Peppino Vita è andato in pensione da amministratore delegato della Schering, Elio Catania è uno dei grandi manager dell'IBM. Quattro delle cento storie di successo internazionale con protagonisti anonimi ragazzi nati o cresciuti in Sicilia: a ciascuno di essi è bastato andarsene per rifulgere. Non hanno avuto bisogno di padrini, di genitori influenti, di Amici. Se fossero rimasti nell'isola quale sarebbe stato il loro destino? Avrebbero raggiunto posizioni di tale responsabilità? L'ingegner Antonio Vita, il fratello di Peppino, non si è mosso da Agrigento per gestire il cospicuo patrimonio familiare. Avendo una giovanile amicizia con Mannino, nella parabola ascendente del ministro è stato definito un suo socio occulto, nella parabola discendente ogni suo investimento è stato passato al setaccio, ha ricevuto denunce, ha sofferto più di un guaio, ha smesso di salutarsi con l'amico d'infanzia. Chissà se l'ingegner Vita ha rimpianto di non esser andato via come suo fratello, chissà che cosa ha pensato nel vedere quella Sinistra che l'ha crocifisso offrire a Peppino una poltrona da ministro in un futuro governo Rutelli. Carmelo Patti è emigrato da Castelvetrano in Lombardia, ha creato un'azienda di cablaggio auto, che con le commesse della FIAT fattura 360 milioni di euro l'anno, ha acquistato la VALTUR, ha avuto la cattiva idea di pianificare investimenti per 155 milioni di euro nella Sicilia occidentale: è rimasto invischiato in una ragnatela di denunce, d'indagini, di processi.

Incombe su chiunque un fantasma opprimente: la mafia. Intesa nel senso di una presenza inestinguibile, con cui fronteggiarsi sempre. Quando c'è, perché c'è; quando non c'è, perché l'interesse è di far apparire che ci sia. Nel maggio 1990 viene assassinato a Palermo un integerrimo funzionario regionale, Giovanni Bonsignore. L'ammazzano sul marciapiede con due colpi di pistola. Si batte subito la pista mafiosa. Pur lavorando all'assessorato dell'agricoltura, crocevia per gli Amici di fondamentali interconnessioni, Bonsignore ha conservato la schiena dritta. Il suo omicidio appare un rebus, i sospetti e le inchieste colpiscono un onorevole socialista assolto al termine di un tormentato processo. Nove anni più tardi, un altro funzionario del medesimo assessorato, Filippo Basile, è accoppato con la stessa tecnica di Bonsignore. Anche Basile è un incorruttibile e negli ultimi mesi controllava le assunzioni stagionali nella Guardia forestale. Le indagini non approdano a niente, il convincimento è che Cosa Nostra abbia eliminato un ostacolo ai suoi maneggi. Dopo qualche mese il casuale arresto dei mancati killer di un panettiere porta alla luce un intrigo micidiale. Dall'ombra in cui ha vissuto emerge la complessa personalità di un sopraffattore dai modi cortesi, il dottor Nino Velio Sprio, cinquantasettenne funzionario dell'assessorato all'Agricoltura.

Velio Sprio ordina la morte per vendetta. Bonsignore aveva scoperto un finanziamento irregolare fatto ottenere da Velio Sprio a una cooperativa di Palma di Montechiaro, della quale era vicepresidente. Il funzionario integerrimo aveva denunciato il collega maneggione, che era stato condannato a un anno e mezzo di galera. Per rispetto della legge e di se stesso, Bonsignore aveva così messo in moto il meccanismo della propria esecuzione. Basile svolgeva funzioni ispettive: si era accorto di diversi illeciti commessi da Velio Sprio e aveva firmato un provvedimento disciplinare. Anche nei suoi confronti era scattata la ritorsione. Un collega di Basile aveva raccontato agli inquirenti di quel provvedimento disciplinare, ma l'indicazione era stata misteriosamente trascurata. Tra l'uno e l'altro delitto Velio Sprio aveva commissionato anche quello di un avvocato palermitano: movente oscuro, vaghi accenni a contrasti economici del legale con un conoscente del suo persecutore.

Ma Velio Sprio è un semplice collezionista di cadaveri? Un travet del male così nascosto da giustificare la sorpresa con cui viene accolto il suo svelamento? Velio Sprio nasce a Raffadali e opera a Palma di Montechiaro: si tratta di paesi ad altissima densità mafiosa, dove neppure le foglie degli alberi si muovono senza un superiore consenso. Il suo campo sono gli stanziamenti nel settore agricolo: mutui quarantennali al 2 per cento, bonifiche finanziate a fondo perduto per il 70 per cento, i contributi regalati alla cooperativa. Velio Sprio non si spendeva a vuoto: sfoggiava un Mercedes fuoristrada del costo di 44.000 euro, era divenuto proprietario di un vasto podere. Accanto zampilla l'acqua della sorgente Pitrasi, la principale fonte di approvvigionamento dei palmesi finché il dottore «spertu e malandrinu» non l'aveva recintata per usufruirne da solo. Il Comune dovette avviare una faticosa trattativa per riavere ciò che era suo e comunque lasciò all'usurpatore due litri di acqua al secondo: in una terra di perenne siccità, le sue campagne erano irrigate a costo zero. In tale fervoroso accaparramento Velio Sprio, sposato con figli, non aveva tralasciato l'opportunità di un fidanzamento con una giovane torinese, ricca e laureata. Ma dato che c'è un limite a tutto, la ragazza, pur ignorando la natura dell'attempato spasimante, troncò la relazione. Lui rispose con un mazzo di crisantemi accompagnato da un liliale biglietto: «Paga un miliardo, altrimenti questi fiori serviranno per la tua tomba». Nelle more predispose il ferimento del fratello dell'ex fidanzata.

Possibile che una simile carriera criminale fosse sfuggita agli Amici? Che nessun Bravo Ragazzo sia andato mai a chiedere un favore al dottore? Che non abbia scambiato quattro chiacchiere sulla fortuna di aver incamerato quel po' po' di terra e soprattutto l'acqua? Gli Amici in Sicilia la governano da oltre un secolo, sono capaci d'impedire la costruzione di una diga – quella sul fiume Belice – e di favorire la costruzione di un'altra – la Garcia – su terreni da essi comprati per due miliardi e poi rivenduti alla Regione per diciotto, soldi e valore degli anni Settanta. Gli articoli sulla diga Garcia contribuirono a far sopprimere un giornalista onesto e coraggioso, Mario Francese del *Giornale di Sicilia*. Secondo le risultanze ufficiali, mentre Velio Sprio faceva e disfaceva in casa loro, gli Amici e i Bravi Ragazzi dormivano come in passato succedeva soltanto a carabinieri e poliziotti. Immaginatevi quale sorpresa, quale dolore allorché hanno letto sui giornali che erano stati uccisi Bonsignore e Basile, due che non si voltavano mai dall'altro lato.

Rammentiamo un appassionato sfogo di Calogero Mannino: «L'ultimo erudito del Lombardo-Veneto si sente autorizzato dalla propria prosopopea e dal contesto sociale a discettare su tutto: dal sesso degli angeli alla globalizzazione. A ogni siciliano, sia esso il più intelligente o il più stupido, viene chiesto di esprimersi soltanto sulla mafia». È vero, ma sono gli altri ad essere insinuanti o siamo noi a peccare di cecità? Ci siamo mai chiesti se non è giusto che in una realtà invasa dalla mafia ognuno di noi debba dimostrare, ora dopo ora, giorno dopo giorno, di non essere un Bravo Ragazzo? Proprio la vicenda umana e politica di Mannino scolpisce la drammaticità del nascere siciliani. Onorevole regionale a 27 anni, deputato nazionale a 37, ministro a 41, dominatore della DC siciliana, la più importante per numeri, a 45. Indicato a 54 anni come probabile segretario nazionale, addirittura come possibile capo del governo, è brutalmente liquidato. Le lobby interessate a emarginare un esponente di punta dello Stato pontificio italiano sfruttano le sue radici, le sue frequentazioni domestiche, il suo privato. Nella sua avventura politica di democristiano, ras della

Sicilia fra il '70 e il '90, Mannino non può non aver stretto una mano mafiosa, non può non aver incrociato lo sguardo o scambiato il «buongiorno» con un capobastone. Nessun siciliano può escludere di aver stretto una mano mafiosa, di essersi salutato con un capobastone. È nel nostro destino. Per Mannino è stata la ghigliottina politica: il trionfo del «sospetto anticamera della verità», secondo la spietata battuta di un accigliato gesuita, padre Pintacuda, e del più sgusciante politico siciliano di fine secolo, Leoluca Orlando Cascio.

Tuttavia questo «sospetto anticamera della verità» ha funzionato a comando. Intorno al '94 padre Pintacuda, accompagnato dalla scorta – a quei tempi era come una croce di cavaliere o una cattedra universitaria: non la si negava ad alcuno –, viaggiò fino a Pizzi, un paesino di montagna. Il piccolo corteo di auto si fermò dinanzi alla casa di un anziano boss, amico d'infanzia di Pintacuda e ormai prossimo alla morte. In virtù di quell'antico rapporto, l'uomo di Dio andava a portare una parola di conforto e a congedarsi dal compagno di giochi. L'episodio fu raccontato da Emanuele Macaluso sul *Giorno*. Non ci furono giustamente ripercussioni: quel gesto rientrava nell'apostolato di un sacerdote. Se il protagonista, tuttavia, non fosse stato Pintacuda, all'epoca dispensatore di patenti di buona e di cattiva condotta, nessun altro avrebbe potuto cavarsela senza essere lambito almeno da uno schizzo di fango.

In talune circostanze il fango è stato il prodotto di cervelli raffinatissimi. Nella seconda metà degli anni Ottanta, Alberto Di Pisa è tra i più bravi e più scorbutici magistrati della procura palermitana. Con la sua faccia da antipatico di professione non ha paura di andare contro Falcone, di criticare i metodi dei reparti speciali di polizia guidati da De Gennaro, di protestare per una certa indulgenza nei confronti dei collaboratori di giustizia. Di Pisa resta escluso dalle inchieste più delicate, quelle che assicurano l'effimera gloria dei mezzi d'informazione; si mormora che in passato abbia accettato tagli a una sua durissima requisitoria contro Ciancimino: sarebbero saltate le pagine con la ricostruzione dello scenario politico in cui si era mosso il discusso democristiano nelle mani di Provenzano, sarebbero spariti i nomi degli Amici, la spiegazione dei sostegni ricevuti. In cerca di sponde, Di Pisa si lega a Domenico Sica, l'alto commissario antimafia. È nell'ufficio romano di quest'ultimo che un innocuo bicchiere di whisky diventa il trappolone con il quale incastrare il ringhioso magistrato palermitano.

Il 20 luglio 1989 Di Pisa apprende dalla copertina del settimanale *Epoca* che l'impronta digitale lasciata sul bicchiere di whisky è identica all'impronta lasciata sulle lettere anonime da mesi ossessione dei palazzi palermitani. In esse l'autore, ribattezzato dai giornali il Corvo, accusa Falcone, Ayala, De Gennaro di una gestione spregiudicata e personalizzata della lotta alla mafia; tra le righe compaiono molte delle critiche lanciate a voce alta da Di Pisa. In pochi giorni l'antipatico di professione diventa una sorta di traditore. La sua carriera, la sua esistenza sono sconvolte, le sue inchieste vengono buttate in un cassetto. Una riguarda la lottizzazione della collina Pizzo Sella. È una zona vincolata a verde agricolo, ma sono state rilasciate trecento licenze edilizie alla Sicilcase, di cui è amministratrice Rosa Greco, sorella di Michele, indicato come il «papa» di Cosa Nostra. Erano già finiti in galera un sindaco di Palermo e alcuni funzionari comunali, ma la vicenda non era conclusa. I camion continuavano a fare avanti e indietro da Pizzo Sella: anziché essere distrutte, le ville aumentavano. Di Pisa aveva promosso nuove indagini. Nei giorni in cui lo marchiano come il Corvo, la guardia di finanza appura che in ventiquattr'ore la Sicilcase è stata assorbita dalla Ferruzzi-Gardini e inglobata nel consorzio grandi opere in cui figurano anche Rendo e la Grassetto di Ligresti. La bufala investigativa sú Di Pisa presunto Corvo – sarà completamente prosciolto – e la bufera politico-giudiziaria che ne segue sono la scusa perfetta per mandare in sonno le pratiche scottanti.

Partecipando a un dibattito con Di Pisa, è emerso che il magistrato era sul punto di appurare con otto anni d'anticipo lo sconcertante ruolo della Ferruzzi, i suoi rapporti con l'arcipelago mafioso. Probabilmente stavano per essere spiccati clamorosi mandati d'arresto: Di Pisa aveva infatti scoperto che nei principali appalti di Palermo figuravano imprese legate a Ciancimino e in Comune, anime candide, non se n'erano accorti. Il seguito della storia è illuminante. Le trecento ville di Pizzo Sella sono ancora lì a ricordare quant'è difficile distruggere Cosa Nostra. Nonostante l'impegno di Lega Ambiente, i decreti di sequestro della pretura e l'ordine di demolirle, c'è sempre qualcuno o qualcosa che fa rinviare l'arrivo delle ruspe. Orlando Cascio è stato sindaco di Palermo dalla fine del '93 alla fine del 2000. Ogni primavera dava appuntamento all'estate successiva per la demolizione. Al momento delle sue dimissioni da sindaco risultava abbattuta una sola villa multifamiliare. Nel 1992, intervistato dall'*Espresso*, Mannino aveva esplicitamente dichiarato: «Orlando ha chiuso gli occhi e non ha mai chiesto il certificato antimafia a Ciancimino».

Neppure in questo caso, per fortuna, il « sospetto anticamera della verità » ha funzionato. Come avrebbe potuto se nel '92 Orlando Cascio era il cocco del PDS erede del PCI, se era ritenuto il cavallo di Troia per abbattere la DC e Andreotti e se soprattutto era la faccia più spendibile del Partito Unico Siciliano? Gli si consentiva di proclamare che un'informazione di garanzia doveva obbligare un politico alle dimissioni. Molti le dettero, poi l'informazione di garanzia toccò a lui: non si dimise. Mannino, viceversa, a causa del « sospetto anticamera della verità » ha scontato dieci mesi di galera e dodici di arresti domiciliari; sostiene di aver subìto interrogatori peggiori della tortura e di esser stato umiliato nella sua dignità di uomo; ha dovuto combattere contro un tumore, conseguenza evidente delle sue traversie; è stato totalmente assolto al termine di un processo lungo ed estenuante. Nessuno gli restituirà gli anni perduti fra prigione e tribunali, niente e nessuno potrà risarcirlo delle sofferenze patite, dei mesi in ospedale, delle dolorose cure chemioterapiche, non gli sarà più possibile occupare un ruolo centrale nella politica italiana. Anche chi ritiene che Mannino appartenga a quella genìa di siciliani che giudicavano possibile stringere qualche accordo tattico con la mafia dei salotti lo considera una vittima. Vittima, però, di che cosa? Di una micidiale faida politica? O anche della nostra incapacità di regolare i conti con Cosa Nostra e quindi di essere sempre esposti al « sospetto anticamera della verità »?

Uno dei capisaldi dell'accusa fu l'esser stato Mannino testimone nel 1977 al matrimonio tra Gerlando Caruana e Silvana Parisi. Gerlando Caruana è figlio di Leonardo, esponente del potentissimo gruppo mafioso Cuntrera-Caruana, Silvana Parisi è la figlia del professor Domenico, classico rappresentante della buona borghesia provinciale. I Parisi sono di Siculiana, difficile da individuare sulla carta geografica. Dal vivo sembra la cartolina di un'altra epoca: case bianche sul mare, bambini seminudi mescolati agli animali domestici, strade non asfaltate, donne vestite di scuro anche d'estate. Da Siculiana tra il '58 e il '62 sono partiti i Cuntrera e i Caruana, cugini alla lontana attraverso un fitto intreccio di matrimoni. Il loro villone in stile hollywoodiano giace semiabbandonato a segnalare il potere di prima, i problemi di dopo. Quando Mannino entra nel mirino, gli articoli dei giornali sostengono che sia stato addirittura testimone di Gerlando Caruana; poi viene appurato che era stato il padre di Silvana, suo vecchio amico e segretario locale della DC, a invitarlo. Ma subito scatta un'inquietante domanda: Mannino poteva non sapere chi fosse il genitore dello sposo, rimasto a Siculiana a presidiare il territorio per conto dei parenti?

Fra i testi convocati durante il processo figura il notaio Vincenzo Scaduto: vive e lavora da diversi anni a Verona. Scaduto ricorda che in casa Parisi la storia d'amore di Silvana era stata presa malissimo non perché Gerlando fosse conosciuto, bensì per il motivo opposto: perché era uno sconosciuto, perché non aveva un titolo di studio, perché già lavorava, ma era un lavoro di scarsa rilevanza sociale essendo a metà fra il muratore e il piccolo imprenditore edile. Scaduto ricostruisce il clima di quegli anni a Siculiana, la mancanza di qualsiasi sospetto sui Cuntrera e sui Caruana, sulle enormi e misteriose fortune accumulate in America, sulle prime condanne che già si abbattevano su di essi. Il notaio rammenta il suo dolore allorché a dodici anni il suo amico del cuore, Peppuccio Cuntrera, figlio di Pasquale, con cui è stato compagno di scuola dalla prima elementare alla seconda media, deve andar via dal paese per seguire il padre. Nessuno immagina che le due famiglie siano coinvolte con Cosa Nostra, al massimo venivano ritenuti i soliti siciliani «sperti e malandrini». A preoccupare il professor Parisi e la consorte erano le scarse notizie su questo giovane Caruana appena tornato dagli Stati Uniti, che faceva girare la testa a tutte le ragazze, che si poteva consentire un'auto potente, i soldi per la benzina e quelli per la pizza. Da qui l'opposizione al matrimonio.

Fino al '77, spiega Scaduto, non esistevano anticorpi a Siculiana nei confronti della mafia, non c'erano segnali, avvertimenti. Nessuno si scandalizzava se io, figlio del medico condotto e nipote del farmacista, frequentavo la stessa compagnia di Gigi Caruana. La distinzione tra buoni e cattivi, conclude Scaduto, non c'era. In questa testimonianza di un uomo intelligente, di un affermato professionista, di una persona capace di distinguere fra il Bene e il Male, è riflesso il nostro rifiuto di considerare la drammaticità del nascere e vivere in Sicilia. Troppo ottimisti? Troppo superficiali? O l'inconscia rinuncia a fare i conti con ciò che siamo, che nella vicenda Parisi-Caruana significa ciò che può essere il ragazzo con i dollari e con un cognome inquietante?

Il siciliano più simpatico del nuovo millennio è un gagliardo novantenne, Chico Scimone, che ha osservato il XX secolo da un posto di prima fila. Ha suonato il piano per Frank Costello, per Lucky Luciano, per Joe Adonis, per Charlie Gambino, per Joe Bonanno. Ha mangiato con loro, ha scherzato con loro, ha lavorato con loro. È stato il testimone riservato di storie che poi abbiamo visto al cinema, ha vissuto appena dietro le quinte alcuni accadimenti che hanno fatto epoca. Mentre i suoi amici entravano nella leggenda nera del Novecento, lui continuava a suonare da una costa all'altra dell'Atlantico, sicuro che la musica rappresentasse la salvezza, lo scudo che l'avrebbe preservato da ogni contaminazione. Era suo il locale di Taormina, «La giara», in cui Luciano trascorreva le sere quando pensava che magari Guarnaschelli l'avrebbe spuntata con il casinò ed è stato lui l'ultimo a vedere vivo il grande Lucky a Napoli: andarono a pranzo insieme, una bisteccona per Chico, le solite due uova alla coque per il capo più intelligente che Cosa Nostra abbia mai avuto. Nella sua lunga e felice esistenza Scimone non ha mai coltivato due soli pensieri: scrivere un libro di ricordi e ritenere disdicevole la frequentazione con il gotha della malavita mondiale. Cittadino di due nazioni, Stati Uniti e Italia, è uno dei tanti siciliani per i quali il vincolo di appartenenza e di fedeltà è soprattutto racchiuso dentro la cerchia di quelli che si conoscono, che si praticano, con i quali si dividono il dialetto, la mentalità, la convinzione che gli altri non possono capire. Scimone è sincero quando racconta gli straordinari aneddoti della sua straordinaria avventura umana ed è sincero quando si sente dalla parte del bene. Chi fossero Adonis, Costello, Gambino, Luciano, che cosa combinassero, quale fosse il giudizio altrui sono dettagli. Scimone è figlio di una Sicilia che ha sempre amato credere che il mondo faccia schifo allo stesso modo e che tipi alla Luciano sono soltanto i più svegli e se infrangono le regole avranno buoni motivi e tali, comunque, da non far togliere a essi né il rispetto né il saluto.

Noi siamo convinti che la mafia esiste, ma da Reggio

Calabria in su. Fatichiamo ad ammettere che la sua presenza opprime ogni nostro giorno, che impedisce l'affermazione di una libera imprenditoria, che stravolge le regole del gioco democratico, che perpetua il potere di alcune lobby a impronta massonica, quasi sempre le stesse da cinquant'anni a questa parte. Non ci accorgiamo di vivere in una realtà esasperata, sballottati da un eccesso all'altro. Nel 1971 Catania regala la maggioranza relativa all'MSI, allora guidato da Almirante e pervaso da nostalgie fasciste. Nel 1993 Catania è l'unica città della penisola a mandare al ballottaggio per la carica di sindaco due esponenti della Sinistra, Enzo Bianco e Claudio Fava. In vent'anni sono cambiate le apparenze, la sostanza è rimasta intatta. L'anima privata della città è compassionevole, generosa, disponibile, quella pubblica è, viceversa, di tutt'altro segno: opportunistica, avida, impudica. Insegue soltanto un profitto immediato. Non per niente, finché è esistita, la DC ha ricevuto una generosa accoglienza. I suoi rappresentanti locali sono stati di modesta estrazione e d'infima cultura, iscrittisi al partito per risolvere intricate situazioni personali. Per oltre trent'anni li guidò un ingegnere grigio come il colore dei vestiti che indossava, Nino Drago. Ebbe gli ultimi anni avviliti da arresti e processi, ma al suo funerale, nel settembre '98, accorsero in quattromila. Sul quotidiano locale *La Sicilia* – che dieci anni prima l'aveva definito in prima pagina eminente statista, non male per uno che al massimo era stato sottosegretario –, non si contarono le colonne di commossi necrologi. L'elogio più appassionato fu pronunciato dall'ultimo erede di questa intramontabile genìa, Pino Firrarello, un rappresentante doc del Partito Unico Siciliano perfino nel colletto svolazzante delle camicie bianche, nella fantasia delle cravatte, nello stare all'opposizione con Prodi e al governo con D'Alema. Ma oggi, nonostante le mille traversie affrontate, Firrarello è diventato il cardine di Forza Italia.

Coloro che tributarono l'omaggio finale a Drago erano intrigati dalla sua abilità nell'avere piegato la politica ai propri disegni. L'applauso che accompagnò il passaggio della bara non conteneva alcun afflato cristiano o civile, piuttosto una sconcertante rivendicazione del passato. Come il resto della Sicilia, anche Catania è protesa verso un'inesistente età dell'oro. Nel dopoguerra Turi Ferro, il mattatore del palcoscenico scomparso all'inizio del 2001, parlava alla radio di una Catania «città di belle donne, che più tempo passa e più bella si fa». Carmen Consoli canta una Catania raggiante degli anni Sessanta. Dal 1950 al 1970 fu la stagione del sacco edilizio, del diffondersi della corruzione, dell'infiltrazione mafiosa. La città si sentiva beata perché rifiutava di vedere. Distratta dal mare e dal sole, faceva di tutto per non badare allo scempio, ai manigoldi che le rubavano il futuro. In un'intervista apparsa sulla *Repubblica*, il proprietario di un famoso ristorante sul mare ha rimpianto con toni accorati la Catania di Santapaola, dov'era possibile vivere tranquilli e concludere buoni affari. Questo ristorante era il preferito da Santapaola, dagli Amici e dai Bravi Ragazzi: vi si festeggiavano eventi, anniversari, alleanze. Stretti stretti l'uno all'altro, Amici e politici, funzionari pubblici e Bravi Ragazzi si mettevano in posa davanti al fotografo. Un album d'istantanee che racconta la mala storia di Catania meglio di dieci libri. In una delle cento retate avvenute in città, e che hanno fatto soltanto il solletico alla «famiglia» nonostante le migliaia di arresti, anche il ristoratore è stato ammanettato: secondo gli inquirenti la sua sollecitudine nei confronti di Santapaola andava oltre i doveri del mestiere. Eppure il suo sfogo ha avuto il pregio della sincerità, il coraggio d'inchiodare sulla pagina ciò che gli altri affidano ai mormorii serotini. In una lettera aperta dal carcere, l'apprezzato Nitto ha con orgoglio rivendicato che nella sua Catania – quando lui super ricercato prendeva le granite nei bar di piazza Duomo e i catanesi si davano di gomito per indicarselo – regnavano ordine e sicurezza. E tale è stato il suo dominio che nelle intercettazioni della polizia si ascolta una cugina affermare con iattanza: « Noi Santapaola siamo il sangue blu della mafia ».

Catania è immutabile. Felice e spensierata fuori, amara e cinica dentro. Non conosce barriere morali, ignora che cosa sia l'indignazione, rifiuta qualsiasi confronto con la realtà, si autoconvince ogni mattina di vivere nel migliore dei mondi possibili. Scambia il pettegolezzo per manifestazione di libertà, per indipendenza di giudizio, mentre è l'inutile e stupida vendetta nei confronti di coloro che approfittano della sua vena masochistica per farle sempre più male. Da mesi i sussurri irridono il noto politico costretto a una plastica facciale per cancellare la cicatrice sulla guancia causatagli dalla moglie gelosa. La sanguigna milady ha reagito in maniera affilata alle battute e ai silenzi peggiori delle battute, che a ogni passo le ricordavano le prestazioni erotiche dell'esuberante consorte al di fuori del talamo coniugale. L'oggetto di tanta attenzione era una bella signora, desiderosa di ricambiare un congruo favore reso dal noto politico a suo marito. La città, entusiasmatasi per la relazione adulterina, con volenterosi cronometristi pronti a rendere di pubblico dominio la durata di ogni incontro, è rimasta di stucco quando l'uomo si è fatto mettere i piedi in faccia – e non solo quelli – dalla moglie. Potrebbero fargliela pagare alle prossime elezioni.

Dall'alba al tramonto noi catanesi recitiamo una parte in cui non crediamo, ma senza la quale ci diventerebbe difficile dare un senso alla nostra esistenza. Siamo più vinti di tutti gli altri. Ogni sei mesi sui giornali compare in un titolo l'abusata definizione di Piovene su Catania, la « Milano del Sud ». È stata più di una condanna, è stata una maledizione perché è diventata l'alibi dei mascalzoni, dei profittatori, dei venditori di sogni. Pure noi ambivamo a entrare nella Storia, ma non andiamo oltre la cronaca nera. Ci sembra normale che ogni mezzo d'informazione – il quotidiano, le televisioni locali, perfino il giornale del pomeriggio, che viene spedito in edicola una volta l'anno per non perderne il possesso – sia nelle mani della stessa persona, il cerimonioso e gentile Mario Ciancio, il quale ha un ottimo imitatore in Berlusconi, controllore di tutte le televisioni a diffusione nazionale. E, a differenza del Cavaliere, Ciancio non è neppure sfiorato dalla tentazione di entrare in politica. Gli basta essere il principale imprenditore del meridione. È sopravvissuto a ogni rivolgimento, la sua intelligenza e la sua tela di amicizie l'hanno trasformato nel rappresentante più autorevole del Partito Unico Siciliano. Talmente autorevole che i grandi editori, quando pensano a un'edizione siciliana dei loro quotidiani, per non dispiacergli puntano su Palermo ed evitano Catania.

Un po' per boria, un po' per comodo siamo attratti da coloro che si fanno beffe della legge; che baciano la mano ai preti; che rubano danaro pubblico; che versano un obolo generoso in chiesa; che non pagano le tasse; che si commuovono guardando *Titanic*; che passano agli incroci con il rosso; che giudicano minchioni e farabutti quanti non sono come loro; che festeggiano senza badare a spese comunioni, battesimi, cresime, matrimoni; che fregano il prossimo per dovere e gli amici per diletto; che danno il « voi » ai genitori e alle persone di rispetto; che usano la stessa mano per tagliare le gole e accompagnare i figli a scuola; che impediscono alle loro donne di vedere *Basic Istinct* e poi sono capaci di qualsiasi soverchieria nei confronti delle altre donne; che usano il danaro per atteggiarsi a vincenti; che dicono di avere tutte le femmine ai loro piedi e quando non sono in forma se ne fanno sette in una sola seduta amatoria.

L'ultimo che è andato a sbattere contro questa Catania ha la faccia compita di Enzo Bianco. Con tutti gli errori commessi è stato il miglior sindaco della città. Il solo che abbia avuto cuore per la sua sorte, che si sia impegnato per rifarne l'immagine, per rovesciare molti luoghi comuni, per darle la dignità e le ambizioni di una piccola metropoli. Ne è stato ripagato con la consueta dose di veleni e con una raggelante sconfitta elettorale: nel maggio del 2001 i catanesi lo hanno ringraziato preferendogli nel collegio maggioritario un innocuo ginecologo. Forse non è stata semplice ingratitudine. Forse la città si è voluta vendicare dell'ex sindaco, che l'aveva costretta a ripulirsi, a presentarsi in maniera decente, a comportarsi bene a tavola, a non ficcarsi le dita nel naso, a non sputare in terra. L'anima della città è sbracata, accomodante, pressapochista. Nelle cantate alla luna ci sentiamo dalle parti di Londra, di Parigi, di Amsterdam, nei fatti siamo in provincia di Casablanca. Volevamo essere una city, siamo diventati una casbah. Nei ricordi di quanti sono nati dopo la guerra campeggiano le cartacce, i rifiuti svolazzanti la sera per via Etnea. Dopo anni di assenza, hanno ripreso a svolazzare. Ai catanesi va bene così. Per rifarsi gli occhi hanno scelto quale successore di Bianco un aitante sessantenne che sembra uscito da un catalogo di moda. L'eurodeputato, professor Umberto Scapagnini, è un insigne cattedratico, del quale *La Sicilia* è solita pubblicare nello stesso giorno più foto con differenti ed elegantissimi look. Secondo le stagioni muta anche la tonalità dell'abbronzatura.

La Sicilia si è consegnata al Polo con la stessa sfrenata voluttà con cui ha aperto le porte ai mille conquistatori presentatisi all'orizzonte delle sue coste. Ha regalato a Berlusconi i voti per governare assieme al politico che essa maggiormente detesta: Umberto Bossi. L'uomo del dio Po, dell'inesistente Padania, degli svarioni storici, dei trecentomila armati della bergamasca, l'uomo che mitraglia sputi a getto continuo, l'uomo legatosi a Berlusconi dopo averlo per anni ricoperto di contumelie, è considerato dai siciliani il denigratore per eccellenza, l'avversario da contrastare, l'emblema di quell'Italia arida, invidiosa, malfidata che giustifica l'indipendentismo. È tutto passato in secondo piano dinanzi al grande comunicatore, Berlusconi, il quale ha promesso di liberare l'isola e i suoi abitanti dalla cappa della mafia: basta dire che non c'è, e i siciliani l'hanno intesa pure come liberazione dalla cappa delle leggi e dei regolamenti antimafiosi. A «zu Silvio» (l'appellativo è di grande rispetto e deriva dai mitici «zii d'America» dispensatori di ricchezza e prestigio) era già riuscito il miracolo di far inghiottire ai catanesi ciò che solitamente li fa straparlare, l'omosessualità. Nel mito fasullo del *Don Giovanni* brancatiano e di ciò che ha a che fare con le donne, la città è ancora pervasa da una viscerale omofobia. Nonostante una tolleranza apparente, il rifiuto del diverso è netto, contraddistinto dalla cattiveria degli epiteti, dal valutarlo un essere inferiore. All'interno delle mura domestiche si continuano a vivere drammi infiniti, eppure un candidato della Casa delle Libertà con tendenze non proprio virili ha ricevuto consensi trionfali. Purtroppo tali consensi non hanno rappresentato una salutare inversione di tendenza: i suoi amici, infatti, sono stati scherniti sui muri con manifesti espliciti. E ancora oggi l'insulto più sanguinante è «puppo»...

8. *L'aria che si respira*

La gallina siciliana continua a covare l'uovo mafioso. Prima si è siciliani, poi si diventa Bravi Ragazzi. Non si può essere Bravi Ragazzi, meno che mai Amici, se non si è respirata quell'aria, se non si è stati bagnati da quella pioggia, se non si sono annusati quei sentori agostani, se non si è cresciuti a quella scuola di gesti e di occhiate, se non si è imparato che ciò che appare non è e ciò che è non appare. La mafia esiste perché esistono i siciliani: la qual cosa non vuole dire che tutti i siciliani sono Bravi Ragazzi, ma che tutti i Bravi Ragazzi sono siciliani. È una Cosa talmente Nostra che le « famiglie » hanno guardato con occhio scettico ai cugini italo-americani così generosi nelle iscrizioni da affiliare Giuseppe Doto (Joe Adonis) di Avellino, Vito Genovese di Napoli, Francesco Castiglia (Frank Costello) e gli Anastasia della Calabria. Loro, i componenti della commissione interprovinciale, la cupola di tanti film e di tante Piovre, quando dovettero aprire ai grandi contrabbandieri napoletani, i Bardellino, gli Zaza, i Nuvoletta, giacché avevano bisogno di quei collaudati canali per smerciare l'eroina raffinata in Sicilia, costituirono a Napoli una sezione staccata.

Che la mafia esiste perché esistono i siciliani provocò in un rotary milanese lo sdegno appassionato e sincero di un altissimo dirigente bancario, nato a Palermo e sbocciato professionalmente sotto la Madonnina. Disse che si autodenunciava in quanto mafioso benché fino a un minuto prima non avesse immaginato di esserlo; disse di aver compreso che non bastava aver sempre operato da persona dabbene perché Bravo Ragazzo si nasce e dunque egli lo era nato; disse che per i siciliani non era prevista salvezza: sarebbero stati in ogni caso e comunque Bravi Ragazzi, avvinghiati a una condanna biblica peggio dei peggiori reietti della terra.

La sala gli tributò un applauso infinito. Il suo sfogo aveva toccato i cuori. Da quella sera abbiamo vissuto decine di situazioni simili. Non manca mai il gentiluomo nativo di Enna, di Caltanissetta, di Messina che si alza per dimostrare che siciliani e Bravi Ragazzi appartengono a razze diverse, che i delinquenti siciliani sono identici ai delinquenti della Lombardia, della Toscana, dell'Emilia, ma che nessuno si sogna di affermare che i lombardi, i toscani, gli emiliani sono Bravi Ragazzi.

Ci sono episodi indelebili dell'esser siciliano. Nelle stagioni della vendemmia e della mietitura si mette in scena attorno a una caraffa di vino rosso la rappresentazione della soverchieria. Il potervi attingere dipenderà dal ghiribizzo di chi sarà prescelto dalla buona sorte. Può esistere metafora più negativa dell'esistenza? Gli uomini siedono in circolo, le mani protese verso la caraffa indicano un numero. Fatta la somma, il conteggio parte dal più anziano. Il fortunato che viene estratto diventa il « padrone » del vino e designa un « sottopadrone », al quale compete la facoltà di bloccare le concessioni del « padrone ». Questo « sottopadrone » gestirà un potere più ampio del « padrone », la sua figura, le sue prerogative riecheggiano quelle dei tanti viceré che in Sicilia hanno sempre comandato e angariato più dei re: i viceré, infatti, operavano sul territorio, incombevano quotidianamente su uomini e cose, mentre i re erano perennemente assenti e quando stavano vicini abitavano a Napoli. S'inizia così un sottile gioco perverso in cui il «padrone» e il «sottopadrone» consentono o vietano di ricevere il bicchiere di vino secondo il proprio capriccio. Nessuno può sottrarsi alle loro decisioni. La recita finisce quando la caraffa è vuota: qualcuno avrà bevuto troppo, qualcuno niente, ma non è detto che il favorito non sia in realtà il più danneggiato. Se non regge l'alcool, lo si è gonfiato apposta di vino per tramutarlo nello zimbello della sala. Ciò che è non appare, ciò che appare non è...

In ricordi vecchi di quasi mezzo secolo galleggia una Giardinetta FIAT arrancante e solitaria su una strada dell'Etna. Ogni macchina che incrociava la Giardinetta rallentava per dare tempo al guidatore di prodursi in una serie di gesti inspiegabili agli occhi di un bimbo: il dito medio incrociato sull'indice della stessa mano, una x formata con le due dita medie, l'indice e il medio sollevati (era la V di Churchill, ma l'avremmo imparato in seguito). Poi verso l'imbrunire alle segnalazioni con le mani si sostituì l'accendersi e lo spegnersi degli abbaglianti. La Giardinetta giunse, infine, in cima alla salita: vi sostava una jeep dei carabinieri. Era la sua presenza che i volenterosi automobilisti in discesa avevano desiderato segnalare al conducente della Giardinetta. Gli uomini in divisa erano vissuti quali rappresentanti fastidiosi di un altro potere, di conseguenza scattava una solidarietà tra coloro che non erano sbirri, questurini e sbirri «cu giummo» (poliziotti con il pennacchio, cioè carabinieri). Il giudizio non è mutato: le forze dell'ordine sono tuttora considerate un invasore di campo.

Ma qualcosa è mai mutato nella nostra natura?

Centoventi anni addietro un commissario di pubblica sicurezza, Giuseppe Alongi, produsse la tavola dei dodici comandamenti di Sicilia.

1. A cu ti leva lu pani, levaci la vita (A chi ti toglie la possibilità di vivere, togli la vita).
2. Scupetta e muggheri nun s'imprestano (Il fucile e la moglie non si prestano).
3. Vali cchiu n'amico 'nchiazza, ca cent'unzi 'nsacca (Vale più un amico potente che tanti soldi nel portafoglio).
4. Cu avi dinari e amicizia teninculu a giustizia (Chi ha quattrini e amicizie, si mette la giustizia in sacca).
5. Quannu c'è lu mortu, bisugna pinsari ad aiutari lu vivu (Dopo che uno è morto, è meglio preoccuparsi di aiutare chi è vivo).
6. Cu mori si vorrica, cu campa si marita (Chi muore viene sepolto, chi rimane in vita si rifà un'esistenza).
7. Carciri, malatie e nicissità provunu lu cori di l'amici (Carcere, malattie e bisogni mettono alla prova il cuore degli amici).
8. Cappeddu e malu passu, dinni beni e stanni arassu (Degli uomini di legge – quelli che hanno il cappello e camminano male – parla bene e tienitene lontano).
9. Si moru mi vorricunu, si campu t'allampu (Se muoio sarò sepolto, se sopravvivo ti ammazzo).
10. La furca è pi lu poviru, la giustizia pi li fissi (La forca è per i poveri, la giustizia per i fessi).
11. Nzoccu nun t'apparteni, nun diri né mali né beni (Di ciò che non ti riguarda, non dire né male né bene).
12. A tistimunianza è bona sinu a quannu nun fa mali a lu prossimu (La testimonianza è buona finché non fa male al prossimo).

Sono regole che si attagliano ai siciliani e dunque anche agli Amici e ai Bravi Ragazzi.

Nel marzo del 1980 Angelo Di Cristina, professore di scuola media, è preso di mira a Riesi (in provincia di Caltanissetta) dai killer. Diversi proiettili lo raggiungono al capo. In condizioni disperate è condotto all'ospedale Garibaldi di Catania. Sottoposto a una delicata operazione, le sue condizioni vengono giudicate assai critiche. La notte accanto al letto siedono due medici che non chiudono occhio, sono di Riesi e hanno entrambi una pistola. La singolare veglia del professor Di Cristina dura fino al giorno della sua dimissione. Gl'insoliti angeli custodi non sono stati inviati dalla direzione dell'ospedale, bensì dagli altri fratelli Di Cristina per impedire che ad Angelo potesse occorrere qualche guaio supplementare. Di notte, ma in Sicilia anche di giorno, gli ospedali possono essere il luogo ideale per completare un'opera avviata male.

Il capostipite dei Di Cristina, don Ciccio, era stato il boss incontrastato di Riesi per oltre trent'anni. Alla sua morte il ruolo fu assunto dal primogenito Peppe, il più svelto nell'individuare le mire dei corleonesi. Avrebbe voluto contrastarli, però non aveva gli uomini. Nel maggio del '78 lo stesero a Palermo Leoluca Bagarella, Nino Marchese e Nino Gioè. Al suo funerale, assieme al gonfalone del Comune, parteciparono diecimila persone. In quarantatré, pur di presenziarvi, si allontanarono abusivamente dal posto di lavoro: diciassette impiegati comunali, quattro medici condotti, quattro presidi, cinque insegnanti, due messi comunali, due impiegati dell'esattoria, quattro cantonieri, il veterinario comunale, quattro bidelli. La denuncia contro gli assenteisti tirò in mezzo anche coloro che non si erano accorti delle assenze: sindaco, assessori, funzionari del provveditorato agli studi. Troppi perché l'inchiesta non svanisse nella più classica delle bolle di sapone. Altrimenti si sarebbe dovuto anche accertare chi aveva autorizzato duecento studenti a disertare le aule per sfilare in bell'ordine accanto al feretro.

Si possono considerare Bravi Ragazzi i diecimila che seguirono le esequie di Peppe Di Cristina? Assolutamente no e ciascuno di essi s'indignerebbe alla semplice ipotesi. Si possono considerare Bravi Ragazzi i medici che si alternarono di notte accanto al letto di Angelo Di Cristina? Assolutamente no, e ciascuno di essi s'indignerebbe alla semplice ipotesi. Allora? Allora c'entrano la conoscenza, la consuetudine, l'essersi probabilmente incontrati ogni giorno, l'avere magari contratto un debito di gratitudine o il voler contrarre un credito con un clan giudicato potente, l'avere amici e parenti in comune, l'impossibilità di accettare che la mafia sia il male e basta, il convincimento, nel peggiore dei casi, che il Bravo Ragazzo si è fatto lupo per difendersi dagli altri lupi.

Al successo della mafia ha contribuito l'acquiescenza dei partiti. Fino alla dissoluzione del vecchio sistema uno solo è stato coerente nella sua ferma opposizione, l'MSI: a livello nazionale e a livello locale la sua intransigenza fu granitica. Con l'introduzione del maggioritario e l'avvento di AN parecchie riserve sono cadute, i toni sono diventati più sfumati. L'altro teorico avversario, il PCI, è stato pervaso da un'ambiguità senza fine. Decine di sindacalisti ed esponenti comunisti hanno dato la vita per non arrendersi, ma altri hanno preferito un atteggiamento simile a quello dei compaesani. E se il sindaco comunista di Riesi aveva rapporti di parentela e di affari con i Di Cristina, i sindaci comunisti che si susseguirono per diversi lustri a Raffadali contribuirono alla nomina di Vincenzo Di Carlo – maestro elementare, segretario della locale sezione DC e capo mafioso – a giudice di pace.

Il comportamento dei comunisti fu ambiguo anche ai vertici. La Democrazia cristiana più sottoposta alle pressioni mafiose, quella di Lima, di Nicoletti, di Mattarella, di Nicolosi, trovò una sponda preziosa nel PCI retto dall'inviato di Botteghe Oscure, il torinese Achille Occhetto, dapprima segretario della federazione palermitana, poi di quella regionale. Quel PCI si espresse compiutamente attraverso due anime: la governativa di Pancrazio De Pasquale e l'imprenditoriale di Michelangelo Russo, alfiere delle cooperative rosse, autore di un'affermazione che gli sarà a lungo rimproverata: «Non possiamo fare l'esame del sangue a tutte le aziende siciliane per sapere se hanno traccia di mafiosità». Nel novembre del '75 la giunta regionale concluse un accordo con l'opposizione comunista su sei punti. Al PCI fu concessa la cogestione degli enti locali e in special modo degli organismi economici, in contropartita i duri e puri della Sinistra non fecero storie sugli oltre mille miliardi (ai valori odierni circa tre miliardi di euro) destinati agli interventi pubblici e sulla così detta «Legge Sicilia», la quale altro non era che una pressante richiesta allo Stato di finanziare ogni tipo di lavoro. L'inizio dell'infinita mangiatoia degli appalti pubblici. L'unica voce contraria fu quella di Leonardo Sciascia, eletto in quota comunista nel consiglio comunale di Palermo. Sciascia avrebbe desiderato un'opposizione a tutto campo, ma quando si accorse che il suo amico Guttuso – asceso al ruolo di pittore ufficiale della Sinistra – era favorevole al grande abbraccio si dimise. Qualche anno dopo avrebbe provato un secondo e più grave tradimento da parte di Guttuso.

Le chiamavano « intese più avanzate », tuttavia avvenivano all'ombra di Lima, ben felice di fornire le coperture necessarie a patto che il nuovo assolvesse il vecchio e desse un ulteriore giro di chiave all'armadio in cui erano conservati gli scheletri. Due eventi salutati come il segnale più evidente dell'inversione di rotta e dei quali i comunisti menarono vanto, il piano regolatore di Palermo e la pubblicizzazione dei suoli, furono varati grazie a Lima. Il tentacolare Salvino aveva la vista più lunga degli altri. Ai colleghi di partito aveva confidato: « Se i comunisti diventano nostri soci, come potranno accusarci di essere contigui alla mafia? » E per dimostrare che era disposto a farsi carico dei problemi di sussistenza del PCI aveva detto: « A pignata av'a bugghiri pi tutti » (La pentola deve bollire per tutti), cioè: ci dev'essere da mangiare per tutti, se tutti, beninteso, siamo d'accordo. I comunisti ricambiarono con gl'interessi: al Parlamento europeo di Strasburgo collaborarono ad affossare una richiesta di chiarimenti avanzata dai Verdi a colui che i colleghi di partito definivano « l'unico punto fermo, serio e umano della DC isolana ».

Un giudizio che oggi torna di attualità. Anche Lima, che del Partito Unico Siciliano fu uno degli esponenti più longevi, è entrato nel girone dei personaggi rimpianti. Si usano taluni suoi provvedimenti politici per insinuare che è tutta da dimostrare la contiguità mafiosa del « buon Salvino »; si prende la sua eliminazione per volontà e mano dei corleonesi come la spiegazione più lampante del comportamento antimafioso di « Salvino così premuroso con gli amici e così tollerante con i nemici». Nel paradiso del PUS, Lima il suo posto ce l'ha già garantito.

Il PCI, il PDS, i DS hanno sempre palesato una doppia natura. Da un lato difesa rigorosa dei princìpi, dall'altro disponibilità ai contatti spericolati; da un lato il senso dello Stato e delle sue leggi, dall'altro la voglia di rappresentare quanti si ponevano contro. In Sicilia i comunisti hanno applicato alla lettera la celebre affermazione di Berlinguer sul partito di lotta e di governo, un ossimoro da orticaria, che in un qualunque altro Paese civile avrebbe emarginato il suo autore e che in Italia invece fu oggetto di seminari e dibattiti. Nel '44, con largo anticipo sulla frase, il settimanale *La voce comunista*, edito dalla federazione palermitana, pubblicò un articolo avverso al latifondo e all'indipendentismo, ma di cauta apertura nei confronti della mafia, del ruolo che avrebbe giocato nell'assegnazione delle terre. La stessa prudenza che negli ultimi anni ha contraddistinto i democratici di sinistra sull'abusivismo. Molti sindaci progressisti hanno protestato sotto voce contro i limiti imposti dai parchi, dalle riserve marine, dalle riserve naturali. All'assemblea regionale gli unici casi di accordo da Rifondazione comunista ad AN sono avvenuti su leggi e leggine di aiuto agli abusivi. Viene ancora ricordata una di queste leggi lodata ad Agrigento quale sanatoria di ogni abusivismo e a Palermo quale perfetto strumento per tutelare la Valle dei Templi e mettere definitivamente sotto scacco l'abusivismo. A presentarla era stato un importante esponente della Sinistra. La classica legge di lotta e di governo.

La profonda avversione nei confronti della DC indusse una notevole schiera del PCI ad appoggiare il golpe in punta di piedi di Milazzo. L'instancabile tessitore di un'anomalia durata sedici mesi e che produsse cospicui guadagni per l'intreccio mafioso-imprenditoriale, i cugini Salvo in testa, fu l'avvocato Vito Guarrasi. Erede di una famiglia illustre, bene ammanigliata e danarosa, l'avvocato aveva esordito sotto la tenda di Cassibile accanto al generale Castellano e al principe Lanza di Trabia. Perché nessuno ci ha mai raccontato che una certa Italia, con la quale ancora oggi ci confrontiamo, nacque lì? A rappresentarla, a firmare un armistizio, del quale continuiamo a ignorare le clausole più segrete, furono un gruppetto di siciliani accomunati dall'esser massoni e dall'aver un filo diretto con i grandi capi mafiosi. Calogero Vizzini, referente del servizio segreto statunitense nei giorni dello sbarco alleato, era gabelliere dei feudi della principessa di Trabia. Per oltre mezzo secolo Guarrasi è stato l'impassibile convitato di pietra della storia segreta dell'Italia. Guardava il mondo con la sufficienza di chi sa di essere superiore per censo, cultura, fantasia e amicizie a tutti coloro che di volta in volta gli si accalcano intorno. Con la sua intelligenza sulfurea, Guarrasi ha incarnato l'espressione immortale del Partito Unico Siciliano. La sua carriera, le sue frequentazioni spiegano nella maniera più elementare e più convincente la capacità d'intervento del PUS dentro e fuori l'isola. Nessuna vicenda si è sviluppata a sua insaputa, nessun personaggio di rilievo ha ritenuto di poter fare a meno dei suoi suggerimenti. La sua ombra si allunga sulla vecchia nobiltà di sentimenti indipendentisti e sui rampolli contagiati dall'americanismo e vogliosi di aprirsi alle novità. Collabora allo statuto autonomista e viene consultato dal Blocco del Popolo di Togliatti e Nenni. È l'ascoltato consigliere di Mattei per lo sbarco dell'ENI nell'isola e la voce più autorevole dei proprietari delle antiquate miniere di zolfo. Ricama l'ordito per favorire il discutibile esperimento Milazzo ed è l'angelo custode prima dei governi di centro-sinistra, poi di quello delle «intese più avanzate» con i comunisti. Dalle esattorie dei cugini Salvo alla sparizione del giornalista Mauro De Mauro e all'omicidio del commissario Boris Giuliano, dagli appalti di Palermo all'espansione della mafia dei salotti, Guarrasi viene sempre evocato e invocato, temuto e interpellato senza, comunque, che alcuno schizzo di fango sfiori i suoi impeccabili gessati Palermo. Negli anni Settanta persino Cefis, Girotti e Rovelli si rivolgono a lui per risolvere un contenzioso nazionale sulla chimica. Questo principe della riservatezza, che ogni mattina andava a messa, che tutte le logge si disputavano, che dai vigneti di Rapitalà estraeva uno dei bianchi più famosi, che fu cugino alla lontana di Cuccia e suo rappresentante personale in Sicilia, che amava farsi ritrarre in posa da intoccabile, il sigaro fra le dita, un accenno di ghigno sul volto, è stato l'emblema dei cinquanta cognomi e dei dieci nomi convinti di non dover mai rendere conto delle proprie azioni, neppure quando si strusciano alla mafia nell'illusione di governarla.

Al fascino, al carisma di Guarrasi non sfuggì neanche un comunista molto dotato, Emanuele Macaluso, campione di una rischiosa lotta a Cosa Nostra. Nel 1958 Macaluso era il giovane segretario regionale del PCI e fu lui, attratto nella tela del ragno tessuta da Guarrasi, a concedere l'appoggio dei deputati rossi a Milazzo. Un comunista purissimo come Macaluso divenne il principale sostenitore di un personaggio dal quale l'avrebbero dovuto dividere la lettura della realtà, il senso della vita, la missione della politica. Ma al Partito Unico Siciliano riuscì di meglio: i comunisti e i missini, fin lì uniti dall'esser contro, si trovarono accomunati nel votare gli uni un latifondista, reazionario a tutto tondo, gli altri un ex indipendentista, che aveva attentato all'unità dello Stato. Nel nome del presunto interesse dei siciliani, assolutamente indifferenti, i soliti noti se la spassarono, anzi fecero le prove generali delle future spartizioni. Ammesso che la Sicilia sia mai stata innocente, con il grande imbroglio di Milazzo non lo fu più.

Alcuni di noi moderati non votavano la DC per la presenza di Lima a Palermo e di Drago a Catania. La DC è stato il partito della mafia più di tutti gli altri partiti, che le hanno fatto corona nei suoi cinquant'anni di dominio regionale. Fu la DC, attraverso l'avvocato e futuro ministro Bernardo Mattarella, a sollecitare l'iscrizione in massa degli Amici, che fin lì si erano appoggiati ai separatisti. Dunque non fu la mafia ad accogliere la DC, ma esattamente il contrario. Un solo democristiano si oppose all'insano disegno, Pasquale Almerico, maestro elementare e sindaco di Camporeale. Un cattolico coerente, impegnato nelle correnti di sinistra, seguace del neosegretario Fanfani: ai suoi occhi rappresentava la lotta al clientelismo, al nepotismo, alla logica dei quattrini. Nel '58 Almerico appoggiò il luogotenente di Fanfani in Sicilia, Giovanni Gioia, lo sostenne con foga al congresso regionale di Palermo. Che cosa avrà pensato il giorno in cui Gioia lo convocò e gli disse che la richiesta d'iscrizione di Vanni Sacco andava accolta? Assieme a Calò Vizzini e a Peppe Genco Russo, Sacco aveva composto la sacra trimurti della mafia a cavallo della seconda guerra mondiale. Da lui dipendevano la valle del Belice e soprattutto la costruzione della diga che avrebbe risolto i problemi di tanti contadini della Conca d'Oro, ma avrebbe danneggiato i Bravi Ragazzi proprietari dell'acqua. La diga non venne costruita, dispensò fior di miliardi a ingegneri, architetti, imprenditori, fruttò un notevole voto di scambio fra gli Amici e gli onorevoli interessati, rimase per circa trent'anni sulla carta prima di essere cancellata.

Sacco aveva a lungo militato nel Partito liberale perché a esso aderiva Vittorio Emanuele Orlando, definito pomposamente il «presidente della vittoria» essendo a capo del governo allorché gli austriaci si erano arresi nel 1918. Sacco ne era stato il massimo sostenitore nel collegio unico nominale Partinico-Camporeale-Monreale. Orlando l'aveva ringraziato con forbite lettere che il boss teneva incorniciate nel salotto di casa. Per il politico non v'era niente di disdicevole in questa collaudata amicizia: Orlando apparteneva alla genìa di siciliani che ha trasformato, e trasforma, la società del disonore nell'esclusivo club dei migliori. Nel 1925, durante un'infocata seduta del Parlamento, Orlando aveva proclamato ad alta voce di essere un mafioso e di esserne fiero. Naturalmente si riferiva all'inesistente «onorata società» tutta intessuta di altruismo, di fedeltà alle amicizie, di rivolta contro i soprusi, di salvaguardia dei deboli dai forti. Concetti identici a quelli che potreste udire ancora oggi in qualsiasi paese e città della Sicilia.

E i corleonesi? E le stragi Chinnici, Falcone, Borsellino?

La risposta è secca: i corleonesi non hanno niente a che fare con la mafia, Riina e gli altri furono la mano armata di una congiura che doveva eliminare la Democrazia cristiana e mutare gli equilibri del potere in Sicilia e in Italia.

Torniamo a Sacco. Fino alla morte di Orlando rimase fedele al PLI, ma una volta scomparso il suo protettore si decise al gran passo: l'iscrizione alla DC, dove avevano già trovato assistenza e protezione tutti i suoi pari grado. Sacco presentò la domanda alla sezione di Camporeale. Nello stupore generale, Almerico la respinse. Il giovane sindaco conosceva bene Sacco, sapeva di quante morti e di quanto sangue grondasse il suo passato, capiva quale discredito comportasse per il partito l'ingresso di un personaggio al quale erano state attribuite le peggiori infamie. Almerico non aveva messo nel conto che Sacco avesse contrattato la propria adesione con Gioia in persona, che questi la riteneva utile per la Democrazia cristiana e necessaria per stroncare la concorrenza comunista in provincia: era la definitiva legittimazione dei Bravi Ragazzi, dai quali lo scudo crociato non sapeva prescindere sin dal '45 con l'invito di Mattarella a Vizzini e ai villalbesi. Furono queste le amare verità scoperte da Almerico nel colloquio con Gioia. Uscì dall'incontro sconcertato. Alle insistenze del luogotenente di Fanfani non aveva detto né no né sì. Probabilmente voleva avere un po' di tempo per riflettere, ma questa pausa dovette sembrare l'ultima goccia a chi era abituato a trattare con uomini in ginocchio. Pochi giorni dopo Almerico fu massacrato in un'imboscata. Durante l'autopsia, dal suo corpo furono estratti decine di pallottole di mitra e di pistola. Sacco venne quasi subito arrestato. Evitò tuttavia la galera: affermando di essere moribondo, con la compiacenza dei medici fu ricoverato in ospedale. Vi rimase fino all'assoluzione per insufficienza di prove. Riacquistò immediatamente la salute. Gli venne concessa la tessera della DC, i suoi familiari ricevettero incarichi di prestigio.

Pochissimi oggi rammentano il giovane maestro idealista che ha avuto il torto di morire per le proprie idee. Gli altri le proprie idee le hanno aggiustate secondo la direzione del vento. I professionisti dell'antimafia bollati da Sciascia sono spariti, lasciandosi dietro una scia di rancori incrociati. L'avvocato Alfredo Galasso, punta di lancia del PCI ai tempi del maxiprocesso, ha rotto con Nando Dalla Chiesa, che pure aveva difeso nelle aule di tribunale. Come tanti di quella stagione ha messo da parte la militanza attiva, si è dedicato esclusivamente alla professione: è diventato il legale di Angelo Siino e di sua cognata Anna Bertolino, proprietaria della più imponente distilleria siciliana, contro i cui inquinamenti gli abitanti di Partinico organizzano da anni inutili fiaccolate di protesta. Carmine Mancuso, il figlio del maresciallo Lenin assassinato assieme al giudice Terranova, ha solcato parecchi partiti da Sinistra a Destra e ormai l'opposizione alla mafia la fa da solo. Orlando Cascio ha detto e fatto tutto e il contrario di tutto. La più divertente: aveva giurato che avrebbe concesso la prima intervista al *Giornale di Sicilia* – ritenuto la sponda dei Salvo, di Lima e degli Amici a essi collegati – quando sarebbe stato arrestato con l'accusa di essere un mafioso. Per sua e nostra fortuna l'ha invece concessa da uomo libero. E alla prima intervista ne sono seguite altre, che non gli hanno evitato una solenne bastonatura nella corsa alla presidenza regionale. A margine di questa bruciante sconfitta, Orlando Cascio si è messo a rimpiangere la DC. Molti hanno compreso che la sua primavera era in realtà un autunno. Peccato che quando Sciascia lo scrisse lo ricoprirono di contumelie, gli contestarono persino l'elementare libertà di parola.

L'antico ispiratore di Orlando Cascio, padre Pintacuda, è stato ancora più categorico nel suo rovesciamento di fronte. Già nel '98 accettò la responsabilità del centro antiusura su designazione del presidente della Provincia, il berlusconiano Ciccio Musotto. Produsse sconcerto quell'improvvisa sintonia del gesuita con Musotto appena rieletto trionfalmente alla guida della Provincia in modo che Palermo potesse contemporaneamente avere un sindaco «professionista dell'antimafia» per eccellenza e quale suo contraltare il nemico per eccellenza dei «professionisti dell'antimafia». Ma in questi casi noi siciliani abbiamo una motivazione bell'e pronta, risalente alla prima guerra punica, quando le città dell'isola saltabeccavano tra l'alleanza con Cartagine e l'alleanza con Roma: non siamo noi ad aver cambiato opinione, ma gli altri. In seguito per Pintacuda sono piovuti altri riconoscimenti: Giuseppe Drago, presidente della Regione per conto del Polo delle Libertà, gli ha affidato la direzione del Cerisdi, un centro di formazione politica, e Gianfranco Micciché, il potentissimo coordinatore di Forza Italia in Sicilia, lo ha preso sotto la propria ala protettiva. Una militanza così fervida da far dichiarare a Marcello Dell'Utri: «Padre Ennio? Sembra quasi il fondatore di Forza Italia». Il gesuita ha ribattuto: «Non sono passato con Berlusconi». In effetti l'ha oltrepassato.

È sempre il mondo che gira intorno a noi, immobili nella nostra alterigia. Chissà se tale girotondo servirà almeno a evitare in futuro la più stucchevole domanda dell'ultimo ventennio: per chi vota la mafia? Stranamente nessuno o quasi chiede da dove provengono i soldi che fanno prosperare la Sicilia. Non se lo chiedono gli ex professionisti dell'antimafia, non se lo chiede Pintacuda, troppo impegnato nell'appoggiare i nuovi protettori: l'acquisizione più recente è Totò Cuffàro. Dei giorni delle condanne senza appello per chi non la pensava allo stesso modo, a Pintacuda è rimasta la convinzione di ritenersi sempre e comunque dalla parte della ragione. L'ex procuratore Caselli non è più « inconfutabile come il vangelo », visto che l'amico Musotto nel '95 fu arrestato e rinviato a giudizio per ordine di Caselli. E su Orlando Cascio si abbatte un rancoroso silenzio ufficiale, così l'ex pupillo impara a mettergli i bastoni fra le ruote. Invidia? Gelosia? O quel semplice, naturale odio che noi siciliani coltiviamo come nessun altro, del quale ci pasciamo, che conserviamo puro e intatto fino all'ultimo respiro?

La vita italiana è stata segnata da queste rivalità. Ci fu quella politica tra Crispi e Di Rudinì e quella ideologica, sfociata nel sangue, tra Marchesi, Gentile e Interlandi; ci fu quella a distanza e coltissima tra Tomasi di Lampedusa e De Roberto e quella vicinissima e tempestosa tra Brancati e Vittorini. Ci fu quella del potere sotterraneo – carabinieri, servizi segreti, colpi di Stato più o meno fantasiosi – tra i generali De Lorenzo e Miceli. E ci fu la violentissima contrapposizione tra Sindona, Cuccia e La Malfa. Sindona è stato il simbolo dell'illegalità, la sua scelta fu chiara sin dal 1943, il giorno in cui venne arruolato dalla sezione Italia dell'OSS in vista dello sbarco alleato in Sicilia. Cuccia e La Malfa sono, viceversa, annoverati fra i padri della Patria, sacerdoti del Bene in servizio permanente effettivo. L'insanabile contrasto fra i tre esplose quasi all'improvviso. Nel '74 il no all'aumento di capitale di una società, la Finambro, significò per Sindona l'inizio della fine, la rivelazione dei suoi traffici e dei suoi imbrogli. Cuccia e La Malfa, che ne furono i registi, resero un indubbio servizio al Paese, ma li guidò soltanto l'interesse generale o c'era altro? Non tanto lo scontro – come si è detto e si è scritto nelle cento ricostruzioni – tra una massoneria laica e una massoneria cattolica (Sindona e Cuccia erano fratelli muratori, seppure di obbedienze diverse, di La Malfa non si sa), quanto lo scontro fra tre siciliani che si detestavano. Sindona da un lato, Cuccia e La Malfa dall'altro erano i terminali italiani di lobby internazionali in lotta acerrima. Di nuovo il Male contro il Bene o qualcosa di molto più indefinito? Sindona era stato per quindici anni un protagonista della Borsa e della finanza, terreni sui quali Cuccia esercitava un dominio totale, stabiliva chi vi poteva concludere affari e chi no. Nel 1967 una lunga e dettagliata lettera inviata dal capo della Criminal Police Organization di Washington (Fred J. Douglas) alla Criminalpol di Roma spiegava che Sindona era implicato nel traffico di stupefacenti fra l'Europa e gli Stati Uniti, che alle sue spalle agivano le grandi «famiglie» italo-americane. Come mai nessuno provvide a fermarlo prima che rovinasse tanti piccoli risparmiatori? A motivare l'aura d'intoccabile bastavano i suoi legami con Paolo VI e Marcinkus, la protezione accordatagli da Fanfani e da Andreotti? Possibile che gl'intrecci di Sindona con Cosa Nostra fossero sconosciuti a Cuccia, che di danaro mafioso ne aveva visto girare tanto, o a La Malfa, il quale nel '70 aveva determinato l'elezione di Ciancimino a sindaco di Palermo, nel '75 accoglierà Di Cristina nel PRI, nel '79 caccerà dal partito i probiviri che volevano cacciare Gunnella, mallevadore di Di Cristina, ma anche straordinario procacciatore di voti siciliani?

L'ultimo episodio della «dinastia dell'odio» ha messo di fronte Musotto e Miccichè. Il primo desiderava candidarsi a sindaco di Palermo, il secondo ha imposto una propria creatura. Ne sono derivate polemiche incrociate e accuse roventi: Musotto ha detto di Miccichè ciò che i più accaniti avversari non osano neppure pensare. Al termine di una ferocissima guerra verbale, Musotto si è candidato da solo in aperta rivolta contro Forza Italia, che l'ha espulso. Singolare parabola per il simpatico e bonario avvocato: Berlusconi l'aveva lanciato quale perfetta vittima di una giustizia ingiusta, Forza Italia ne aveva fatto la bandiera con cui giustificare le contumelie ai magistrati. Esponente di punta dei cinquanta cognomi e dei dieci nomi (suo nonno, un integerrimo socialista, fu il primo commissario governativo in Sicilia nel 1944; suo padre, anch'egli socialista, fu un noto professore universitario), Musotto ha alzato il vessillo della rivolta. Contro che cosa? Contro la campagna di asservimento condotta da Forza Italia a Palermo e nell'isola, come sostenuto da lui? O contro le ferree leggi del Partito Unico Siciliano, che non lo prevedevano più? Per quanto perduta in partenza, la battaglia ha guadagnato a Musotto il rispetto e la considerazione degli antichi avversari. Nel nome dell'anti-berlusconismo la Sinistra era pronta a trasformarlo nel candidato ombra, quella stessa Sinistra che aveva tifato per vederlo condannato nei processi mafiosi. E per completare il trionfo dell'Eterno Paradosso Siciliano nella cordata di Musotto erano confluiti parecchi amici di Orlando, che fu uno dei suoi nemici dichiarati.

Il destino politico di Musotto, già eletto con voto plebiscitario per due volte presidente della Provincia ed europarlamentare, sembra compromesso. Tuttavia il suo mesto sorriso non ci rammenta la sconfitta dopo troppi passaggi di campo – da socialista a forzaitaliota a voce fuori dal coro –, bensì l'impossibilità di un'esistenza normale per chi vive in Sicilia. È infatti nel nostro destino e nel nostro codice genetico incontrare la mafia. Il resto dipende dal fato e dai nemici. Dodici collaboratori di giustizia raccontarono alla procura di Palermo che la villa di famiglia dei Musotto a Pollina aveva costituito un ricovero per Bagarella, che lì si erano svolte riunioni del vertice corleonese e che in una di esse era stato Ciccio ad aprire il cancello. Musotto fu arrestato nel novembre '95 nonostante il fratello Cesare si fosse accollata ogni responsabilità, nonostante in quella stessa villa un Falcone sorridente e rilassato fosse andato a prendere più di un caffè. Abbiamo ancora negli occhi e nelle orecchie le sofferte proteste d'innocenza da parte di Musotto, l'ampia solidarietà che gli giunse da più parti. Musotto si dimise da presidente della Provincia, chiuse lo studio da avvocato, visse da recluso in casa i molti mesi del dibattimento. Musotto è stato assolto in primo grado, in appello, in cassazione. I giudici hanno scisso le sue responsabilità da quelle degli altri imputati, che infatti sono stati condannati. Queste assoluzioni hanno ingigantito la sua figura. Sbagliamo immaginando che ci avrebbe rinunciato, che avrebbe preferito esser creduto sulla parola com'è accaduto a magistrati trovatisi in casuali rapporti d'affari con noti Amici o imparentati con personaggi che hanno aiutato Cosa Nostra?

L'avvocato Salvo Riela ha rappresentato per lunghi periodi un fiore all'occhiello del PCI. Studio a Roma e a Palermo, un seggio da deputato nazionale, uno scranno da sindaco in minuscoli centri, dove la mafia non è l'aria che cammina, bensì l'aria che si respira. In passato ha patrocinato gratuitamente braccianti e sindacalisti, adesso è l'avvocato di Mannino e di altri democristiani impigliatisi nella rete di quelle inchieste palermitane che le sentenze dei tribunali stanno smontando una a una. Riela accusa gli ex compagni di un uso spregiudicato dei processi, di aver perseguito la sconfitta dell'avversario politico attraverso la via giudiziaria. C'è del vero, ma il ridimensionamento delle accuse, il ritorno trionfante degli Amici, dei Bravi Ragazzi e degli insospettabili che s'accordano con loro rientra nella nostra visione della vita. Ci sentiamo irresistibilmente attratti dagli « sperti e malandrini », nella legalità intravediamo un ostacolo alla nostra superiore furbizia, abbiamo un debole dichiarato per gli irregolari, sebbene le uniche regole che non rispettino siano quelle del codice penale.

Così Costa, Chinnici, Falcone, Borsellino, Livatino, Saetta, Giacomelli sono morti due volte. E soprattutto invano. Cosa Nostra è allo zenit del potere e fini pensatori giudicano che l'obbligatorietà dell'azione penale, l'attendibilità regalata a personaggi inattendibili quale Balduccio Di Maggio siano state lo schermo per una caccia alle streghe. Mafioso è di nuovo bello in maniera sfrontata, mentre prima lo era in qualche malinconica rievocazione. D'altronde i vecchi spiegano che un tempo per indicare l'avvenenza e la prestanza di un giovane si diceva che fosse « maffiusu ». Davvero qualcuno ha pensato che in Sicilia fosse possibile separare il grano dal loglio? Che Belzebù, soprannome non casuale di Andreotti, stesse di là e che di qua fossero tutti cherubini? Eppure quando Falcone cercò di spiegare che nella lotta alla mafia le ideologie non contano fu messo all'angolo proprio dalla Sinistra. Nel gennaio del 1988, con l'eccezione di Caselli, di Bruti Liberati, di Smuraglia e di D'Ambrosio, i presunti progressisti del Consiglio superiore della magistratura affossarono la candidatura di Falcone a capo dell'ufficio istruzione. Gli fu preferito un magistrato integerrimo, che la mafia però l'aveva vista soltanto al cinema. Allorché è stato chiaro l'errore commesso, un giudice siciliano, che in quella notte della vergogna non votò a favore di Falcone, ha fatto questa riflessione: «Io ero per lui, però non volevo calpestare il principio dell'anzianità di carriera, che fin lì aveva guidato tutte le nostre scelte. La mia proposta fu di rinviare la scelta fra Meli e Falcone in modo di avere il tempo d'individuare nel curriculum di Meli quegli aspetti che permettessero di accantonare la sua candidatura e lasciassero campo aperto a Falcone. Invece vollero votare subito e la bocciatura di Falcone fu inevitabile». Insomma, soltanto ricorrendo a un cavillo si poteva consentire al magistrato invidiatoci da tutto il mondo di sedere sulla poltrona che gli spettava e dalla quale avrebbe potuto infliggere altri colpi a Cosa Nostra.

Rimarrà scolpita nella memoria l'espressione perennemente angustiata di Guido Lo Forte, ritenuto il pupillo di Giammanco, il freddo esecutore dei suoi voleri, quando questi da procuratore capo si scontrava con Falcone. Lo Forte venne messo d'ufficio nella corrente andreottiana, gli affibbiarono l'immeritata etichetta d'insabbiatore. Pochi anni addietro, in una sferzante nota della procura di Caltanissetta, firmata dal suo titolare Gianni Tinebra, è stato scritto che negli anni di Giammanco la procura di Palermo non indagò sui politici, sui loro rapporti con gli Amici, che lasciò perdere diversi filoni investigativi. Eppure lo stesso Lo Forte, nominato vice di Caselli, è diventato il più lucido e instancabile persecutore di Andreotti. Qual è allora il Lo Forte vero? O sono veri entrambi nel nome della ragione di uno Stato che Lo Forte si è sforzato di servire al meglio delle proprie capacità?

Lo Forte appartiene alla generazione nata nel dopoguerra, pronta a entusiasmarsi leggendo le inchieste di Giuseppe Fava, la testimonianza di Danilo Dolci dalla prima linea. Con un clamoroso errore di prospettiva ritenemmo che la mafia fosse il prodotto dell'ignoranza, dell'analfabetismo. Da poveri illusi immaginavamo che la scuola dell'obbligo, la diffusione della cultura avrebbero contribuito a debellarla, che una volta avuti i mezzi per distinguere il Bene dal Male, la cancellazione di Cosa Nostra sarebbe stata consequenziale. Un idealista come il commissario Beppe Montana andò a morire per fedeltà ai suoi sogni giovanili. Nessuno ci ammonì sulla valenza economica del fenomeno. Non percepimmo ciò che Sciascia attraverso i primi romanzi – *Il giorno della civetta*, *A ciascuno il suo*, *La morte dell'inquisitore*, *Il contesto* – ci voleva spiegare: il perverso intreccio fra potere e uomini del disonore, l'uso artificioso di Cosa Nostra per liberarsi dei rivali, la gratuita discussione attorno a un personaggio per poter poi dire che è discusso, l'equivoca posizione di una Chiesa pericolosamente condizionata dal proprio antistatalismo. Quanto ci manca Sciascia. Un gigante camuffato da ometto, che faceva di tutto per apparire persino più minuto di quello che era. Un artista della dissimulazione fisica con un corpo che lo assecondava al meglio in questa fuga dalla curiosità altrui. Uno scettico che strizzava gli occhietti lasciando la sigaretta a consumarsi fra le dita. Un uomo di sentimenti talmente intensi che la sua principale preoccupazione era di mascherarli. Un indagatore di anime indulgente con il prossimo, spietato con se stesso. Un'intelligenza guizzante, rassegnata alle debolezze del mondo, ma decisissima a contrastarle. Un illuminista indomabile in un'isola che spregia gli illuministi, innamorato di Voltaire e del suo Candido, convinto assertore della forza della ragione pur sapendo che ciascuno di noi si muove in una selva oscura.

Sulla sua tomba Sciascia fece incidere questa frase: « Ce ne ricorderemo, di questo pianeta ». A tredici anni dalla morte ce ne ricordiamo eccome, sebbene l'opinione pubblica si sia ormai abituata a un'altra Sicilia. Non quella problematica, avviluppata, tanto irredimibile quanto indomita di Sciascia, ma quella folcloristica, innocua, tutta sole, cibo e niente mafia di Camilleri, il massimo virtuoso della contaminazione linguistica, il sapiente costruttore di perfette trame a incastro. È la Sicilia che piace a Milano, a Torino, in Veneto, a Roma, a Bologna, a Firenze, sulla costiera romagnola. La Sicilia che non dà problemi, che non obbliga a fastidiosi interrogativi sulla provenienza dei tanti quattrini investiti in Borsa, nelle grandi speculazioni edilizie, nelle tantissime finanziarie del Nord-Est.

9. *Né con lo Stato né con la mafia*

QUANDO Falcone nel 1991 lasciò Palermo per Roma, i suoi concittadini tirarono un sospiro di sollievo. Il « Falco » adorato dagli uomini della scorta, il nemico più pericoloso nella plurisecolare avventura di Cosa Nostra, era costretto a spostarsi nella capitale per non arrendersi. A Palermo gli avevano fatto terra bruciata intorno. Non i Bravi Ragazzi, ma l'ipotetica società civile, i rappresentanti delle istituzioni, i presunti avversari della mafia. Nei tre anni precedenti il trasferimento, Falcone era stato bocciato quale dirigente dell'ufficio istruzione e quale candidato al CSM, veniva accusato da Orlando Cascio di tenere a bagnomaria le inchieste sui delitti politici (Reina, Dalla Chiesa, La Torre), era bollato dal PCI e dai suoi fiancheggiatori come un venduto ad Andreotti e ai socialisti. Pochi giorni dopo la strage di Capaci, durante la pausa di una trasmissione televisiva, un sostituto procuratore ci urlò in faccia che Falcone era stato ucciso per una faida interna alla cricca di potere, cui aveva aderito. Questo magistrato era, è una persona dabbene. Per aver intuito con troppo anticipo alcuni sviluppi della Tangentopoli siciliana e aver cercato di giungere a una verità, che sarebbe stata urticante per il sistema, è andato incontro a dolorose conseguenze. Tuttavia, nel suo giudizio di cattocomunista, Falcone era un reprobo. Considerava, infatti, Cosa Nostra un'entità a sé stante, non telecomandata da un vertice di politici e imprenditori (il famigerato terzo livello), anzi idonea per la sua stessa natura a contaminare qualsiasi settore pubblico, a corrompere i rappresentanti di qualsiasi partito.

Se un giusto, com'era e com'è quel magistrato, si rifiuta di vedere e di capire, figuratevi gli altri. Falcone andò via dalla città che amava perdutamente quasi che il problema fosse lui. Non era la prima volta che accadeva a un uomo della legge. Nell'estate dell'85 gli Amici e i Bravi Ragazzi scorrazzavano liberi e coccolati per la città, facevano i bagni a Mondello assieme ai distinti borghesi, mentre un isolato sceriffo, il vicequestore Ninni Cassarà, incorruttibile e di gran fiuto, scombinava orari e abitudini, evitava di rientrare a casa nell'intervallo, tentava con l'aiuto della moglie e di un paio di fedelissimi di sfuggire ai propri carnefici. Non ci riuscì: assieme a Roberto Antiochia fu macellato nel cortile di casa sotto lo sguardo impietrito della moglie affacciatasi dal balcone. Laura Cassarà si precipitò giù per le scale, bussò a ogni porta, nessuno le aprì.

In Sicilia lo chiamiamo farsi gli affari propri. È il papà del «niente sacciu, niente visti, niente ntisi» (niente so, niente ho visto, niente ho sentito): in parole povere, l'omertà, che deriva dalla nostra inattitudine a mantenere un segreto, il più insignificante o il più rilevante. Siamo afflitti da una curiosità infinita. Moriamo dal desiderio di farci da mattina a sera gli affari degli altri, adoriamo il pettegolezzo, l'interpretazione malevola nella speranza, che il più delle volte è certezza, di risultare migliori del vicino, del collega, del rivale. La discrezione, quindi, può essere solo imposta. Essendo però in opposizione alla nostra vera natura, gli Amici hanno nei secoli ritenuto opportuno arricchirla di un corollario di pene severe per i trasgressori.

Nella logica del farsi gli affari propri sono rientrati l'opposizione a che venissero apposte sui muri dei palazzi targhe commemorative dei magistrati uccisi da Cosa Nostra; il disappunto di avere quale coinquilino il giudice sotto tiro o un commissariato di pubblica sicurezza; il negare di pagare il pizzo; il rifiuto di esprimere un giudizio di condanna nei confronti del Bravo Ragazzo che non sia il generico appartenente alla disonorata società, ma indicato con tanto di nome e cognome. Dolorose immagini televisive hanno mostrato siciliani di ogni età e mestiere sottrarsi con un sorriso, con un rifiuto verbale, con gesti scocciati alla richiesta di un giudizio su Provenzano, su Riina, su Aglieri. Non ci schieriamo persino nei casi più clamorosi, nei quali non esistono, o almeno non dovrebbero esistere, margini d'incertezza. La spiegazione ufficiale è che noi non parteggiamo né per lo Stato né per la mafia, e già questa sarebbe una posizione molto discutibile, ma in realtà molti parteggiano per la mafia, solo che l'innata prudenza consiglia di non esporsi con chi, al fondo, è giudicato un nemico. Tale giudizio – né con lo Stato né con la mafia – si abbatté anche su Falcone in quell'inizio di '91. Poco più di un anno dopo, Milano cominciò a scendere in piazza per difendere Di Pietro e gli altri magistrati impegnati nella lotta alla corruzione. Sui muri della città apparvero numerose scritte di sostegno. Se per qualche tempo il pool di «Mani pulite» poté operare con successo, lo dovette in buona sostanza alle migliaia di cittadini pronti a sfilare nelle vie con fiaccole e striscioni inneggianti. A Palermo, invece, nessuno manifestò pubblicamente solidarietà e stima nei confronti del magistrato in partenza. Le scritte sui muri dicevano: «Morte a Falcone».

A Catania si è verificato di peggio. Un giudice e un magistrato si sono trovati a pedalare in salita. Rappresentavano due spuntoni di roccia ai quali aggrapparsi. Giovanbattista Scidà era il presidente del Tribunale dei minori, Nicolò Marino il sostituto procuratore che ha scoperchiato tante pentole ributtanti fango. L'uno è accreditato di simpatie progressiste, l'altro moderate: per spiegare una volta di più come la discriminante politica non conti nulla, come non ci si possa basare su di essa per dividere i buoni dai cattivi, come l'ideologia non sia salvifica. La colpa di Scidà e di Marino è di essere rimasti estranei alle logiche cittadine, di non avere familiari coinvolti con Cosa Nostra, di non aver acquistato – per ignoranza, per distrazione, per calcolo – appartamenti da costruttori legati a Cosa Nostra, di non aver badato alle amicizie, alle parentele delle persone sulle quali dovevano giudicare o indagare. Scidà e Marino si sono preoccupati e occupati di far rispettare la legge. Hanno creduto a quanto letto e studiato sui testi sacri: che la legge è uguale per tutti e che la si applica senza particolari interpretazioni per gli Amici, per i Bravi Ragazzi, per i loro simpatizzanti. Scidà è andato in pensione, Marino cambierà sede. La Catania ufficiale, la Catania dello straripante potere massonico, dell'intrallazzo, dei reciproci favori, la Catania in cui il lecito e l'illecito si confondono, s'intrecciano, si amalgamano ha festeggiato con lo champagne.

L'accantonamento di Scidà e Marino coincide con il festoso ritorno al passato della città. Rispuntano i vecchi luoghi comuni del «pugno di amici», del «siamo ben altro che mafia», del «basta con il sospetto generalizzato», della «indefinibilità del concetto di mafia», del «c'è mafia e mafia». Per dirla con uno slogan che li racchiude tutti: «Catania, non solo mafia», che si può applicare all'intera

Sicilia, che appare perfino banale, ma che è tragicamente falso. Continuiamo a opinare che il nostro peggio derivi dalla mentalità mafiosa e non vogliamo accettare che è la mentalità mafiosa a derivare dal nostro peggio. La gallina siciliana non smette mai di covare l'uovo mafioso.

In un'estate di tantissimi anni addietro aveva aperto i battenti la prima discoteca all'aperto della Riviera dei Ciclopi. Il biglietto d'ingresso costava la non indifferente cifra di cinquemila lire e comprendeva una consumazione alcolica. Nonostante il prezzo, la discoteca era divenuta in poche settimane il ritrovo di allegre brigate disposte a spendere. Fioccavano gli affari, gli amorazzi, le conoscenze, la gara a esserci e a mettersi in vista. Notte dopo notte ci si avventurava nella trasgressione soltanto per i più ingenui racchiusa nel respirare profumi di donna e nel bere Coca-Cola e rhum. Alle tre di un mattino l'effervescenza da paradiso proibito evaporò dinanzi all'irruzione di una banda, che a colpi di mazza distruggeva tavolini, suppellettili, bicchieri, bottiglie, la preziosa consolle del disk-jockey. Fra gli aggressori furono scorti un paio dei fratelli Ferrera: nell'immaginario dell'epoca la loro famiglia, denominata i «Cavadduzzu» poiché il capostipite da giovane aveva lavorato da stalliere presso un nobile, era ritenuta una gloria cittadina, quella con il maggior numero di «sperti e malandrini» in circolazione. Pochi sapevano che avevano cugini di nome Santapaola e cugini di nome Ercolano. Pochissimi sapevano che erano tutti affiliati a Cosa Nostra e che proprio in quel periodo la «famiglia», di nome e di fatto, aveva preso ad allargarsi. Non c'era catanese, infatti, che non sarebbe stato pronto a giurare che la mafia nella Sicilia orientale era inesistente, che Catania non era Palermo.

La devastazione durò un quarto d'ora in mezzo a pianti, urla, fanciulle in svenimento, giovani che cedevano l'orologio d'oro per evitare guai peggiori. Uno degli sconcertati e impauriti spettatori era il fresco collaboratore della *Sicilia*. Aveva una fifa blu, si accucciò dietro una spessa macchia mediterranea e cercò di sbirciare più che poté. La sua fortuna fu l'occasionale conoscente con cui divise il riparo: era informatissimo. Gli indicò i due «Cavadduzzu», gli disse il nome di battaglia di altri Bravi Ragazzi, gli spiegò che quella in atto era chiaramente un'intimidazione o una vendetta per la riscossione del pizzo. All'alba giunsero le «pantere» della polizia. Rilevarono i danni, interrogarono i proprietari, ma non rimediarono neppure un testimone: ragazzi e ragazze se l'erano squagliata per evitare di rispondere alle domande degli sbirri. Nessuno fece il nome dei «Cavadduzzu», nessuno accennò all'estorsione.

Anche l'aspirante giornalista aveva preso il largo. L'animava la palpitante speranza di poter raccontare una storia in esclusiva alla stregua di quanto succedeva in certi film americani. Si presentò in redazione con largo anticipo per poter incrociare l'arcigno capocronista davanti alla macchinetta del caffè. L'incrocio avvenne. Il capocronista aveva simpatia per la recluta, tuttavia la dirottò sul responsabile della nera. Questi era un ex ragazzo di bottega da dieci anni in attesa del contratto d'assunzione: gli incerti della busta paga l'avevano indotto a fare della prudenza la propria norma di comportamento. Dinanzi alla particolareggiata descrizione del fattaccio, dei responsabili, della motivazione guardò con rassegnazione il suo interlocutore: ma tu li conosci i «Cavadduzzu»? Potresti giurare che erano loro? E se poi la polizia ti convoca, vai tu a inchiodare uno di quelli lì? Ascolta me, stanne fuori che è meglio per tutti e specialmente per te.

Colui che aveva sognato un ruolo alla Spencer Tracy o alla Clarke Gable abbozzò. Stette l'intero pomeriggio a rimuginare sulle quindici righe che gli avevano detto di scrivere: fatti, soltanto fatti, niente congetture. Era più dispiaciuto per aver perso l'occasione di mettersi in mostra che per l'ennesima offesa arrecata alla verità. L'indomani apparve un trafiletto anonimo in cui si raccontava l'irruzione e si faceva un velatissimo accenno agli oscuri motivi che potevano averla scatenata. A sera, uscendo dal giornale, l'estensore del trafiletto, rientrato ormai nei suoi angusti confini, fu colpito dall'improvviso scattare in piedi del portiere-centralinista, che aveva fama e modi da indolente. La reazione era stata suscitata dall'arrivo di un vecchio malvissuto, con la camicia per metà fuori dai pantaloni portati all'altezza del pube. Il portiere-centralinista compose un numero e annunciò che all'ingresso c'era il « dottor Cavadduzzu ».

Il giorno seguente sulla prima pagina di cronaca spuntò un titolino in cui si asseriva che era stata una storia di « fimmini » a causare il parapiglia in discoteca. Nella notiziola sottostante si leggeva che, contrariamente alle voci trapelate, non era avvenuta nessuna irruzione di bande malavitose e si era invece scatenata la zuffa gigantesca per una galanteria di troppo nei confronti di una fanciulla.

Il piccolo mistero della smentita venne chiarito al pomeriggio dal « professore ». Era costui un maestro elementare perennemente vestito di nero, adibito ai mattinali della questura, ai comunicati dei partiti, delle associazioni, dei sindacati. Spesso questi comunicati venivano pubblicati per intero e servivano a riempire una pagina: davano una patina di pluralismo – il leggendario pluralismo dell'informazione – e soprattutto toglievano spazio a qualsiasi altro tipo d'informazione. Il «professore» aveva ormai accantonato ogni illusione: era cosciente che non sarebbe mai stato assunto, si aggirava fra scrivanie e poltroncine in similpelle con una piccola smorfia, rispondeva alle domande con proverbi in latino o in dialetto.

«*Veni, vidi, vici*», fu la sua replica alla richiesta del disorientato aspirante giornalista di conoscere ciò che era avvenuto la sera prima. Poi il «professore» largheggiò nei dettagli: il patriarca dei «Cavadduzzu» aveva eseguito l'abituale inchino con cui salutava il capocronista, aveva ignorato l'invito a sedersi, aveva detto che era venuto a portare una notizia. Gli risultava che in discoteca non si fosse verificata alcuna irruzione: era stata una volgare lite per storie di «buttanelle» e di «carusazzi». I proprietari, desiderosi di fregare l'assicurazione e di acquisire benemerenze, avevano montato la sceneggiata con l'invenzione della spedizione punitiva.

Il capocronista gli aveva creduto. Nella sua scala dei valori il vecchio «Cavadduzzu», conosciuto durante la guerra quando egli era alle prime armi e l'altro figurava già fra gli «sperti e malandrini», era un uomo che osservava un codice d'onore anche se ogni tanto violava il codice penale, un personaggio con il quale si poteva stabilire un rapporto di reciproco rispetto. Pure ai bucanieri della Tortuga succedeva di ricevere le insegne di baronetto dalla regina d'Inghilterra. «Cavadduzzu» non era diventato baronetto, tuttavia contava buoni rapporti con i rappresentanti del potere ufficiale. L'idea comune era che fosse meglio, molto meglio, averlo amico che nemico.

Perché il capocronista avrebbe dovuto rappresentare l'eccezione? Perché si sarebbe dovuto comportare in maniera differente dal resto della città? Per lui – e siamo pronti a giurare sulla sua buonafede – la mafia a Catania non esisteva: era persuaso che quella cittadina fosse una delinquenza di serie B, avvezza ai piccoli traffici, disponibile a ingraziarsi le autorità piuttosto che a sfidarle.

Pure chi scrive è stato convinto fino al 1980 che Catania fosse al di fuori del circuito mafioso. Poi nelle elezioni comunali di quell'anno risultò terzo degli eletti nella DC un perfetto sconosciuto, almeno all'apparenza: Orazio Ferlito. Era cugino di Alfio Ferlito, il latitante più famoso, in pratica l'unico malvivente riconosciuto della città giacché gli altri camminavano per strade e per piazze circondati dalla nomea di rispettabili cittadini. I due Ferlito erano l'uno figlio e l'altro nipote di don Tino, campione di umana sopravvivenza oltre che grande elettore democristiano. Tanto influente da essersi tolto lo sfizio di schiaffeggiare, durante una riunione d'iscritti, l'onorevole Drago, il potentissimo luogotenente di Andreotti, colpevole di averne messo in dubbio l'apporto di voti. Catania aveva naturalmente sghignazzato per quel ceffone, si era sentita vendicata delle trentamila preferenze personali, una percentuale altissima, che regalava a Drago. Nella vistosa mancanza di rispetto aveva visto confermata la superiore qualità dei suoi figli: così agguerriti, così impuniti da giungere a sfidare persino Andreotti. La corte di don Tino aveva, difatti, provveduto ad allargare la portata dello schiaffo sostenendo che in fondo era come se fosse stato affibbiato allo stesso «zio Giulio» affinché gli fosse chiaro che neppure lui poteva permettersi di comandare a Catania.

La progenie di un simile «spertu e malandrinu» quale don Tino poteva non essere confortata da una messe imponente di voti? A Orazio Ferlito procurarono l'assessorato ai Lavori pubblici, allo scrivente il dubbio che nelle viscere della felice e gioiosa Catania si annidasse un cancro. In rapida successione avremmo saputo dei Santapaola, degli Ercolano, dei Ferrera, dei Cavalieri dell'Apocalisse (i cavalieri del lavoro Costanzo, Graci, Finocchiaro, Rendo). Avremmo appreso del ruolo strategico degli Amici, del loro peso internazionale, della sterminata rete di complicità al Comune, al palazzo di Giustizia, in questura, all'assemblea regionale, al Parlamento nazionale, fra i carabinieri. Avremmo imparato che la «famiglia» si era installata su piazza nel 1925 e che aveva intessuto proficue relazioni con ogni componente sociale.

Per quel che può valere, da oltre vent'anni ci diamo degli imbecilli per non aver capito o, peggio, per esserci rifiutati di capire. Purtroppo è andata così.

10. Libera mafia in libera Chiesa

DI nostro saremmo scettici e agnostici, l'isola è stata però segnata dalla presenza della Chiesa. C'è sempre una Madonnina che piange. La conseguenza è una religiosità intessuta di formalismi, priva di fede vera. Le feste patronali sono di caleidoscopica appariscenza, senza eguali nel resto d'Italia, tuttavia la nota dominante è pagana, il culto è contrappuntato da forme di magia e di scaramanzia. Sono cerimonie approntate più per stupire gli spettatori che per ingraziarsi il Padreterno. Nella Valle dei Templi hanno organizzato una processione in sostegno degli abusivi con una grande foto di padre Pio: la protesta dei frati cappuccini ha sconsigliato la nomina del santo di Pietrelcina a patrono di quanti nel violare la legge pretendono di esercitare un inalienabile diritto. Prima delle elezioni nazionali e regionali del 2001 gli abitanti della zona A hanno pregato nella parrocchia abusiva di Santa Rosa con in mano una foto raffigurante Enzo Bianco, Willer Bordon, Gianni Mattioli, Leoluca Orlando Cascio. Stavano in posa e sorridenti sulle macerie di una costruzione irregolare abbattuta nel '99. Le preghiere erano dirette a una loro sconfitta, che essendo arrivata è stata interpretata come un segno del favore divino. D'altronde la Chiesa ad Agrigento non ha avuto dubbi sulla parte dalla quale schierarsi. L'arcivescovo Carmelo Ferraro e don Vito Guadagna, il sacerdote di Santa Rosa, difendono con parole ecumeniche il diritto alla casa dei fedeli, così devoti e praticanti da far passare in secondo piano lo scarso rispetto della legalità. La posizione di Ferraro e di Guadagna rispecchia la plurisecolare insofferenza del clero locale nei confronti dell'Autorità. Dopo il Concilio di Trento (1563) i parroci agrigentini furono i soli in Italia a rifiutare le ispezioni dei superiori appellandosi a un antico privilegio degli Altavilla. Furono piegati soltanto nel 1740 dall'energico intervento del vescovo Gioieni, un duca d'Angiò in odore di massoneria, d'accordo con il re di Napoli, Carlo III, anch'egli massone.

In Sicilia i ministri di Dio si sono comportati da antagonisti dello Stato persino nel seguire l'evangelico precetto di schierarsi con i poveri, con i sofferenti, con i più deboli. Tra i quali hanno però incluso incalliti furfanti neppure sfiorati dall'ombra di un pentimento. In uno di quei servizi televisivi che ci fanno arrossire il parroco di Corleone, sotto il cui apostolato rientrano i familiari di Provenzano, ha negato che la cattura dell'inafferrabile « Binnu » rappresenterebbe un bel giorno per il Paese. Si è rifugiato nell'abituale formula di compromesso: l'arresto di Provenzano non risolverebbe i problemi di Corleone. Per l'anziano sacerdote non esiste differenza tra Stato e Antistato, nel suo gregge le uniche pecorelle che contano sono quelle smarrite. Succede da sempre. Un arciprete di Corleone trent'anni addietro lanciò una raccolta di firme per evitare il soggiorno obbligato a Ninetta Bagarella, fidanzata di Riina e prima donna a esser condannata per appartenenza a un clan mafioso. Il solerte arciprete non ebbe dubbi nel definire i Bagarella « una famiglia esemplare, bersagliata dalla malasorte e dalla legge che oggi non rispetta neppure gli affari di cuore e perseguita la professoressa solo perché è fidanzata con Salvatore Riina. Figuratevi che la mamma Bagarella viene ogni mattina a messa e fa pure la comunione». All'epoca la famiglia esemplare era così composta: papà Salvatore e un figlio, Giuseppe, al confino per mafia; il figlio maggiore, Calogero, ufficialmente latitante con parecchi delitti sulle spalle, in realtà morto durante un assalto mafioso; il figlio minore, Leoluca, già aggregato tra i fedelissimi di Riina. Ma ciò che importava all'arciprete era che mamma Bagarella ascoltasse ogni mattina la messa, facesse la comunione e che spesso l'accompagnasse Ninetta promossa, forse in virtù della presenza in chiesa, da maestra a professoressa.

Don Puglisi, il cardinale Pappalardo, sono eccezioni recenti. Preti e vescovi hanno spesso considerato i Bravi Ragazzi una variante moderna di Robin Hood. Hanno celebrato le loro nozze – per quelle superprotette di Riina, latitante, e della Bagarella si prestarono ben quattro sacerdoti –, hanno battezzato e cresimato i figli, hanno garantito una continua assistenza spirituale, hanno officiato onoranze funebri durante le quali i tutori dell'ordine sono stati additati quali biechi esecutori al servizio dell'Ingiustizia. A nessun parroco è mai passato per la mente di escludere gli Amici e Bravi Ragazzi dalle funzioni religiose o di negare i sacramenti a un loro pargoletto com'è invece capitato ai figli dei così detti concubini. È nel magistero della Chiesa considerare i peccatori merce pregiata: di tale prelibatezza i mafiosi costituiscono evidentemente il boccone più ghiotto. E gli Amici, i Bravi Ragazzi, ai quali non viene mai chiesto di ritornare sulla retta via, hanno ricambiato con un'attenzione particolare, che va dall'offerta generosa all'ossequio formale. Non c'è mafioso che si sia dichiarato ateo, non c'è mafioso che non abbia baciato la mano di un prete. I siciliani sono sicuri di avere un rapporto privilegiato con il dio della vendetta e di rappresentarne in esclusiva le pulsioni punitive. È un dio al quale attribuiamo i nostri stessi impulsi, spettatore passivo dei nostri peccati e soddisfatto di essere omaggiato nelle feste comandate. Un dio capace di benedire una forma primitiva di eutanasia in uso nelle campagne, una mescolanza di fede e di antiche credenze pagane. Fu un contadino che lavorava la terra dei nonni a parlarci degli effetti straordinari, miracolosi, di « u jovu », il giogo, che veniva attaccato al collo del bue. Lo guidava nella semina dei campi, dunque era uno strumento indispensabile per procurarsi il cibo, per incrementare la vita, però diventava anche lo strumento della dolce morte allorché bisognava strappare un familiare all'agonia senza vie di uscita. Si portava il giogo in chiesa, lo si sottoponeva alla benedizione del sacerdote alla fine della messa e s'immaginava che quell'atto lo tramutasse nel braccio della croce sul quale il Cristo aveva poggiato il capo. Al ritorno a casa si collocava il giogo sotto il cuscino del moribondo. Il contadino dei nonni giurò che in pochi minuti sopravveniva la morte, terminavano le sofferenze.

I rapporti fra mafia e Chiesa sono molto stretti non perché Vizzini era attorniato da fratelli preti, non perché Michele Greco, il « papa », è stato catturato con la Bibbia in mano e durante i processi citava molteplici passi dell'Antico Testamento, non perché Riina e Aglieri si erano fatti costruire una cappella votiva in casa, non perché Santapaola ricorda con commozione di aver studiato dai salesiani. Il motivo è un altro. Molto del rituale di Cosa Nostra, soprattutto quello più feroce, è stato mutuato dall'Inquisizione, che in Sicilia fu più ottusa e dispotica che altrove. Il sasso in bocca è l'equivalente della mordacchia applicata ai miscredenti; il rogo dell'immaginetta nella cerimonia d'iniziazione mafiosa corrisponde al rogo in effigie dei peccatori; i «pizzi» imposti in espiazione delle colpe presunte dai funzionari dell'Inquisizione non sono differenti dai «pizzi» imposti dai boss con la scusa di aiutare i picciotti in galera. Perfino la tecnica dell'incaprettamento ha un precedente sacro.

Per fortuna il sentimento cattolico ha prodotto anche radicali cambiamenti. Profonde crisi mistiche hanno fatto da sfondo ai due soli pentimenti sinceri di mafiosi: nel 1973 quello di Leonardo Vitale, nel 1987 quello di Antonio Calderone rifugiatosi in convento. E due nipoti di Calogero Ferro, boss indiscusso per oltre cinquant'anni di Canicattì, hanno indossato il saio di monaco e fatto voto di povertà. Nel loro caso un voto significativo. Calogero Ferro era proprietario di un feudo che si estendeva su quattro province, Agrigento, Caltanissetta, Enna, Ragusa. Poco tempo prima di morire convocò attorno al letto i bracci destri e sinistri, nominò il successore e impose un accordo che avrebbe retto più di vent'anni. Secondo le migliori tradizioni siciliane, i figli di quest'altro don Calò defunto a casa propria senza aver mai avuto un problema con la legge – com'è capitato al più famoso dei don Calò, Vizzini – erano stimati professionisti. Soltanto uno seguì le orme paterne e rimase a sovrintendere l'enorme proprietà. Una saggia divisione dei compiti, tipica di molte famiglie siciliane: un figlio avvocato, un figlio medico, un figlio architetto, un figlio commercialista, un figlio notaio e uno così e così, che si occupa delle questioni pratiche. Ma, una volta raggiunta la famosa sicurezza della roba inseguita dai nonni, ecco che due nipoti si ribellano e lo fanno in nome della morale più alta che ci sia. Anche questo rientra nell'Eterno Paradosso Siciliano.

11. Nel nome dei padri e dei figli

SALVATORE GENCO RUSSO è il secondogenito del leggendario «compare Peppe», amico di Vizzini (che nel '33 fu il suo padrino di battesimo), burattinaio di ministri, di sottosegretari, di arcivescovi, con un debole per i microfoni dei giornalisti e per i flash dei fotografi. Salvatore ha avuto la vita facile: ha studiato, si è laureato, ha insegnato, è diventato preside dell'istituto agrario di Caltanissetta, ha amministrato le ingenti sostanze ereditate dal padre. Un brutto giorno un collaboratore di giustizia l'accusa di essere un degno figlio di suo padre: va persino in galera prima di essere prosciolto con tante scuse.

Può capitare anche il contrario. L'ingegner Giuseppe Montalbano è figlio del professor Giuseppe Montalbano, che resse le sorti del PCI nella Sicilia appena liberata, prima di essere scalzato da Momo Li Causi e abbandonare il partito. Montalbano padre fu una figura importante del fronte antimafia, dedicò la propria esistenza alla ricerca della verità su Portella delle Ginestre. E forse ci è arrivato più vicino di tutti. Per la strage del 1° maggio 1947 il professor Montalbano aveva puntato l'indice contro un gruppo assai composito di presunti mandanti: il principe Giovanni Francesco Alliata, massone, indipendentista e poi monarchico, l'onorevole Leone Marchesano dell'Uomo Qualunque, una sorta di Lega dell'immediato dopoguerra, e un altro onorevole monarchico, Geloso Cusumano, bene ammanigliato con i vertici dell'ispettorato generale di pubblica sicurezza. Ne erano seguiti smentite, querele, processi, con il risultato di lasciare ciascuno arroccato sulle proprie posizioni. Nel novembre del '69 il professor Montalbano ricevette il promemoria di un vecchio amico, l'avvocato Antonio Ramirez, parlamentare della Sinistra indipendente ed ex del Partito d'azione. Ramirez era appena morto e il figlio fra le carte aveva rinvenuto il plico indirizzato a Montalbano. La data risaliva al dicembre 1951. Nella lettera Ramirez svelava di aver ricevuto il 7 pomeriggio di quel mese la visita del deputato monarchico Giovacchino Barbera, il quale gli aveva confidato una clamorosa ammissione di Marchesano: aveva ordinato lui a Giuliano di sparare a Portella, ma non per uccidere bensì per spaventare i comunisti e disperdere i manifestanti. Secondo Barbera, la confessione di Marchesano tirava in ballo Alliata, Cusumano, Bernardo Mattarella. Barbera, che si definiva un esponente dell'«alta mafia», quella «buona», aveva dichiarato di esser pronto a testimoniare. L'avvocato Ramirez aveva preferito, invece, tacere e affidare la scottante rivelazione al memoriale. Montalbano rivelò l'esistenza della lettera-testamento, ma con Ramirez e Barbera deceduti nessuno ebbe voglia di mettere le mani in quel nido di vipere che era Portella delle Ginestre. L'ennesimo scambio di querele fra Montalbano e Alliata siglò il definitivo seppellimento del padre di tutti i misteri italiani del dopoguerra.

A differenza del genitore e di un fratello, fatto sparire dagli Amici per la sua probità, l'ingegner Montalbano si è disinteressato di politica e ha puntato sull'imprenditoria. I risultati sono stati ottimi. Il suo patrimonio ha dimensioni «paperonesche», almeno secondo le conclusioni dei carabinieri di Palermo e di Agrigento, che gli hanno confiscato beni per 190 milioni di euro. Fra essi Torre Makauda, il principale complesso turistico-alberghiero dell'agrigentino, e la villa di via Bernini, che fu l'ultimo rifugio di Riina. Carabinieri e magistrati accusano Montalbano di aver negli anni investito soldi di dubbia provenienza, di aver intessuto rapporti spregiudicati. Stiamo parlando di una persona che fino al momento di esser coinvolta nel gennaio '99 in un'inchiesta di mafia aveva un alto profilo sociale: professionista di vaglia, amico e parente di personaggi altisonanti, con solidi agganci tra gli esponenti di punta della Sinistra siciliana.

L'ingegner Montalbano è difeso dall'avvocato Giuliano Pisapia, nome celebre della sinistra che si definisce ancora comunista. Molti sono sicuri della sua sostanziale innocenza, lui si definisce vittima di coincidenze e d'interpretazioni malevole di taluni episodi. Il processo in corso darà le prime risposte, ma ciò che colpisce anche in questa vicenda è la dannazione di nascere e vivere in Sicilia, il mescolarsi di figure e di percorsi che s'immaginerebbero assai distanti. Il complesso di Torre Makauda sorge su un terreno che apparteneva alla famiglia dell'avvocato palermitano Roberto Merra, ex socio di Montalbano e suocero di Gianfranco Micciché, il potentissimo proconsole di Berlusconi. Assieme alla ICIT di Montalbano l'albergo fu costruito da una società, la SICAF, tra i cui soci figurano i figli di un boss, prima implicato e poi prosciolto per il primo delitto politico nella Sicilia del dopoguerra, quello del sindacalista Accursio Miraglia. Era il 1947 e Montalbano padre accusò il suo partito, il PCI, di non proteggere chi combatteva la mafia.

Che cos'è? Il passato che si vendica? Il destino cinico e baro? La marcia trionfale dell'Eterno Paradosso Siciliano?

O l'agghiacciante impossibilità di opporsi al sospetto anticamera della verità?

Negli anni Cinquanta un giovane siciliano s'innamora di una bella ragazza, i cui familiari hanno frequentazioni spericolate, e la sposa. Per evitare problemi, coinvolgimenti, richieste alle quali è impossibile negarsi la giovane coppia cambia città. Arrivano i figli, l'esistenza scorre tranquilla, soprattutto lontana dal vecchio ambiente. Una malattia improvvisa causa purtroppo la morte del capofamiglia. S'addensano preoccupazioni e problemi, interviene lo zio del cuore: procura un impiego al nipote. Un posto di responsabilità in un'azienda bravissima nell'aggiudicarsi appalti di ogni genere. Nonostante la scarsa esperienza, il neoassunto s'impone. I rapporti di lavoro fra i titolari dell'azienda e lo zio del cuore sono strettissimi, ma questi mostra di non fidarsi appieno, domanda al nipote di controllare qualche rendiconto, d'informarlo su talune decisioni. Ammesso che il nipote non avesse intuito il quadro complessivo, le inchieste di alcune procure, che mandano per aria l'azienda, chiariscono che la sua prosperità dipendeva dallo stretto collegamento con la mafia. Ormai esperto del settore e del giusto modo di agire, il nipote decide di mettersi in proprio. Lo zio del cuore gli procura agganci e ingaggi fino al giorno in cui non vengono entrambi arrestati con l'accusa di essere l'interfaccia imprenditoriale di un boss eccellente. Secondo gl'inquirenti l'ex ragazzo, che il padre aveva tentato di proteggere abbandonando la città d'origine, è diventato così affidabile per il boss eccellente da essere fra i selezionatissimi interlocutori con il raro privilegio d'incontrarlo. I magistrati sanno che lo zio del cuore non parlerà e puntano sul nipote: lo tengono in galera nella speranza che cominci a collaborare, che la nostalgia della moglie e dei bambini lo spinga a cercare un accordo con la giustizia. Ma non si conquista a vuoto la fiducia di un boss eccellente: il nipote resta zitto fino al giorno in cui la scadenza dei termini lo riconsegna alla libertà. La sua ditta ha ripreso a macinare appalti.

In questa come in tante altre vicende dov'è il salto? Dov'è che avviene lo scarto e ci si avvia su un'altra strada, comincia una storia differente? Fino a che punto è responsabilità del condizionamento ambientale?

Nel 1991 fece scalpore la sentenza di un giudice istruttore del tribunale di Catania, il dottor Luigi Russo, il quale chiese il proscioglimento dei cavalieri del lavoro Costanzo e Graci dall'accusa di essere omogenei a Cosa Nostra. Il dottor Russo s'appellò proprio al condizionamento ambientale, riconobbe alle azioni dei due cavalieri del lavoro, ai loro rapporti con i boss lo stato di necessità. Il dottor Russo fu ricoperto di critiche, ma la sua desolante constatazione che nell'isola non si fa l'imprenditore contro Cosa Nostra è profondamente vera. Quanti ci hanno provato hanno rischiato l'impresa, la vita, e non ci sono riusciti. Libero Grassi, eliminato nell'agosto del '91 per non essersi piegato al pagamento del pizzo, rimane un esempio incancellabile. La tesi di Russo suscitò lo stesso scandalo provocato nei mesi scorsi dall'affermazione del ministro Lunardi sugli industriali che devono trovare il modo di convivere con la mafia. Un ministro non può dirlo, ma ancora più inquietante è che Lunardi, a capo di un importante studio di progettazione, abbia probabilmente parlato o per esperienza diretta o per quanto ha appreso nell'ambiente. Significa che, quattordici anni dopo il rabbrividente accordo stipulato fra Riina e i rappresentanti delle più importanti holding nazionali, la situazione non è cambiata.

E promette di cambiare ancora di meno. Sguardi vogliosi si appuntano sulla costruzione del ponte sullo Stretto. Nell'intimo di ogni siciliano quel braccio di mare comprende l'essenza della nostra natura, l'annuncio del nostro destino. Il ponte sarebbe l'occasione giusta per far intendere anche ai più sordi che si volta pagina, che una storia si è conclusa e un'altra s'inizia, che il distacco con l'Italia e l'Europa è annullato. Alle corte: il ponte rappresenta il progresso. Ma le chiavi di questo progresso chi le ha? Quale organizzazione è in grado di gestire progetti, investimenti, appalti e subappalti? Quale potere può assicurare la tranquillità dei lavori, la disponibilità del territorio, la sparizione di costi aggiuntivi, per esempio il pizzo? Gli Amici sono già schierati, dietro di essi scalpitano i Bravi Ragazzi. Peccato che, appena si sollevano questi dubbi, la combinazione massonico-imprenditoriale da un decennio impegnata nel progetto risponda con una girandola d'insulti.

Abbiamo molto confidato nell'Italia. Nonostante le nostre battute, i nostri rimpianti per l'inesistente età dell'oro, moriamo dalla voglia di essere i più italiani fra gli italiani e di esserlo considerati a pieno titolo. Speravamo in un contagio positivo, nel circolo virtuoso attraverso cui incanalare le mille energie dell'isola. Pensavamo di essere l'eccezione che sarebbe stata costretta a uniformarsi alle regole: temiamo invece di essere la variabile appena appena abbozzata della norma. L'Italia ci appare cinica, voltagabbana, amorale, di lingua biforcuta, fedifraga, attratta dagli « sperti e malandrini », melensa, becera, infida, incapace di tenere la schiena dritta, ben rappresentata da quei funzionari pronti a trescare con la mafia che dovrebbero combattere. Sciascia, al solito, aveva visto più lontano di tutti. Nelle pagine conclusive del *Giorno della civetta* fa dire al capitano Bellodi che la linea della palma avanza in Italia di cinquecento metri ogni dodici mesi. Era il 1961. Immaginatevi dov'è arrivata la palma.

Sciascia travestito da Bellodi voleva ammonire che anziché un'italianizzazione della Sicilia stava avvenendo una sicilianizzazione dell'Italia. L'avanzata della palma appare inarrestabile. Oggi non è Catania a somigliare a Milano, ma, al contrario, è Milano che somiglia a Catania. Nel 1971 le macchine erano posteggiate sui marciapiedi di Catania, adesso lo sono pure sui marciapiedi di Milano.

Ai tempi del maxiprocesso Falcone ci sintetizzò così il suo giudizio sul futuro: «Tutto ha un inizio, tutto ha una fine. Così come è nata, la mafia un giorno morirà. Nessuno di noi, però, può dire quanto sia lontano questo giorno. Quello che io mi sento di dire è che noi siciliani abbiamo regalato questo cancro all'Italia e noi siciliani lo dobbiamo estirpare». Lo vogliamo davvero estirpare? E ne siamo capaci? Purtroppo abbiamo capito di dover procedere da soli. Al di là dei proclami ufficiali, delle dichiarazioni d'intenti, l'Italia delle nostre brame ha fin qui preferito accordarsi con la mafia. E se a volte gli Amici e i Bravi Ragazzi provocavano un po' di orticaria l'accordo è stato siglato con i fiancheggiatori, con gli occupanti la terra di nessuno. In cinquantasei anni di Repubblica hanno prevalso due atteggiamenti nei confronti dei siciliani. Il primo condito di razzismo, di snobismo, di puzza sotto il naso, dimentico persino dei nostri pochi meriti. In un articolo sul *Corriere della Sera*, Sebastiano Vassalli, autore di pagine importanti della letteratura, accusava la quasi totalità degli scrittori siciliani di tacita connivenza con la mafia. L'elenco era aperto da Pirandello, eppure il primo romanzo del Novecento in cui si parla di mafia, in cui, anzi, la disonorata società è spogliata di qualsiasi orpello, il primo romanzo in cui si racconta del micidiale patto tra il notabilato isolano e gli Amici è proprio *I vecchi e i giovani*. Ma per Vassalli, che tra l'altro in quell'articolo fece un po' di confusione e chiamò il romanzo *Vincitori e vinti*, anche Pirandello rientra fra i reticenti.

Il secondo atteggiamento ha giocato pesante sulla nostra pelle sostenendo i peggiori di noi, appoggiandoli nelle loro mire. Avete presente il comportamento degli Stati Uniti in molti Paesi dell'America Latina, dell'Asia, dell'Africa, nella Grecia dei colonnelli, nella stessa Italia del dopoguerra, quando ciò che contava era la cieca fedeltà all'alleato non l'integrità morale, il desiderio di adoperarsi per il progresso sociale? In Sicilia è avvenuto lo stesso. Questo comportamento ha prodotto una progressiva sfiducia nelle virtù dello Stato, nei suoi princìpi, nella correlazione tra i reboanti impegni e i piccoli fatti quotidiani. I siciliani ne hanno tratto una sorta d'implicita assoluzione: se lo Stato è così, io perché devo essere diverso?

Prima di dedicarsi alle parole in musica e d'inebriarsi delle personali interpretazioni di *La vie en rose* (è un classico degli intellettuali siciliani partire dalle vette dell'io e approdare al *café chantant*), Manlio Sgalambro aveva dichiarato in una intervista al *Corriere della Sera* che i siciliani risolveranno il problema mafioso il giorno in cui i favorevoli e i contrari si affronteranno con i fucili in mano. La prognosi ci sembra perfetta benché i cimiteri siano pieni di siciliani che si sono opposti a Cosa Nostra. Evidentemente non è bastato. Quanto altro sangue dovrà essere versato prima che cinque milioni di siciliani accettino che il problema non è fuori di noi, ma dentro di noi? Che la mafia sarà sconfitta soltanto il giorno in cui ciascuno di noi pronuncerà un «basta» definitivo?

Ma ammesso che questo «basta» venga mai pronunciato, giungerà comunque troppo tardi. Lo Stato ha smesso di ricercare una soluzione giudiziaria o militare al problema, ormai punta alla cooptazione dei capitali mafiosi nel sistema produttivo. *Pecunia non olet*, neppure quella che sa di papavero, di morfina, che è in continua peregrinazione da un paradiso fiscale all'altro. Per tornare a casa questi soldi avranno a disposizione persino un ponte.

Ci raccontano di una Sicilia diversa, di un futuro pieno di turismo, di milioni di visitatori da Monreale alla Valle dei Templi, dall'Etna a Taormina, da Selinunte a Segesta, e a noi pare di ascoltare i discorsi e le promesse della nostra infanzia. Una delusione dopo l'altra, abbiamo imparato che il progresso, a differenza della manna, non piove dal cielo. E finché ci saranno gli Amici, i Bravi Ragazzi, gli «sperti e malandrini», i compari, i galantuomini, i gattopardi non ci sarà progresso, resteremo avvinti alla nostra dannazione. Siamo troppo condizionati da ciò che abbiamo visto e vissuto per sognare l'isola che non c'è, che non c'è mai stata e che forse non ci sarà mai. Noi in ogni caso non faremo in tempo a vederla.

E dire che ci accontenteremmo di una Sicilia meno fantasiosa e scoppiettante. Ci piacerebbe addirittura che un giorno la settimana – e se vi pare troppo, facciamo un giorno al mese – la Sicilia assomigliasse un po' alla Svizzera:

grigia, noiosa, tristanzuola, rispettosa, attendibile, sonnolenta. Quel tanto che basta per tirare il fiato prima di rituffarsi fra i suoi marosi. Che senso ha sentirsi i più intelligenti del mondo per vivere come i più scemi?

Ringraziamenti

QUESTO libro non avrebbe visto la luce senza l'appassionato contributo di Luigi Brioschi, che ci ha creduto sin dal primo giorno. Un gruppetto di fraterni amici siciliani, i soliti, quelli che mi hanno già aiutato e sostenuto per *Da cosa nasce cosa*, ha regalato un po' del suo tempo per confrontare idee e ricostruire vicende seppellite negli anni. Mi sento molto debitore nei loro riguardi. Un affettuoso ringraziamento, sperando di non metterli nei pasticci, va dunque a Matteo Collura, a Lucio Galluzzo, a Enzo Mignosi, ad Alfio Sciacca, a Francesco Terracina. Il giovane professore nisseno Gaetano Gucciardo ha scritto un libro fondamentale (*La legge e l'arbitrio*, editore Rubbettino) per capire il fenomeno dell'abusivismo edilizio nella Valle dei Templi e in Sicilia. In casa editrice Cristina Prasso e Massimo Cescon hanno avuto la pazienza e l'abilità di sempre nel migliorare il prodotto. A Giuseppe Russo il merito di aver indicato la strada sulla quale avviarsi.

Indice

ALFIO CARUSO
DA COSA NASCE COSA

STORIA DELLA MAFIA DAL 1943 A OGGI

Ripercorrendo più di mezzo secolo di storia italiana, con l'ausilio di una sterminata letteratura – libri, verbali d'interrogatorio, atti processuali, relazioni delle Commissioni Antimafia, informative e rapporti di questure, prefetture, carabinieri – e la collaborazione di cento siciliani che hanno raccontato l'episodio di cui sono stati testimoni, Alfio Caruso ci restituisce, per la prima volta la narrazione pura e semplice di un'associazione segreta che non ha mai avuto né «codici» né «uomini d'onore», ma ha sempre e soltanto inseguito l'arricchimento smodato dei suoi affiliati. *Da cosa nasce cosa* è un'impressionante sequenza di misfatti e crimini che, con la semplice forza della realtà, avvince più di qualsiasi trasposizione romanzata del fenomeno mafioso.

LONGANESI & C

ALFIO CARUSO

ITALIANI DOVETE MORIRE

CEFALONIA, SETTEMBRE 1943:
IL MASSACRO DELLA DIVISIONE ACQUI
DA PARTE DEI TEDESCHI.
UN'EPOPEA DI EROI DIMENTICATI.

Nei giorni che seguirono l'armistizio dell'8 settembre 1943, l'isola di Cefalonia, non lontana dalla costa della Grecia occidentale, fu teatro di uno degli episodi più dolorosi e controversi della seconda guerra mondiale: il massacro, per mano dei tedeschi, della divisione Acqui. La sequenza di quelle tragiche giornate viene ora ricostruita in questo libro in cui l'autore unisce al rigore storico un'appassionata partecipazione personale agli eventi che descrive, arricchendo il racconto con le commosse testimonianze dei pochi superstiti ancora vivi.

Di Alfio Caruso nelle edizioni Longanesi:
Da cosa nasce cosa

LONGANESI & C.

Finito di stampare
nel mese di settembre 2002
per conto della Longanesi & C.
dalla Milanostampa di Farigliano (Cuneo)
Printed in Italy